LA

BATAILLE LITTÉRAIRE

DU MEME AUTEUR

La Bataille Littéraire

Première série (1875-1878)	1 vol.
Deuxième série (1879-1882)	1 vol.
Troisième série (1883-1886)	1 vol.
Quatrième série (1887-1888)	1 vol.
Cinquième série (1889-1890)	1 vol.
Sixième série (1891-1892)	1 vol.

Tous droits de traduction et de reproduction réservés pour tous pays y compris la Suède et la Norvége.

PHILIPPE GILLE

LA BATAILLE LITTÉRAIRE

SEPTIÈME SÉRIE

(1893)

Préface D'ALEXANDRE DUMAS FILS
De l'Académie Française

PARIS
VICTOR-HAVARD, ÉDITEUR
168, Boulevard Saint-Germain, 168

1894
Tous droits réservés.

MON CHER AMI,

Je viens de revivre avec vous près de vingt années de notre vie intellectuelle. J'ai relu, d'un bout à l'autre, tous les volumes de la *Bataille littéraire*, y compris celui qui va paraître, volumes où vous avez réuni vos articles publiés dans le *Figaro* sur le mouvement littéraire depuis 1875. J'ai pris à cette lecture, à cette nouvelle lecture, car j'avais lu presque tous ces articles au moment de leur première publication et ils m'avaient souvent servi de guide, j'ai pris à cette lecture un plaisir extrême. J'ai vu défiler en ordre, cette fois, et chacun à la place qu'il mérite, tous ceux qui ont pris part à la mêlée pendant ces vingt dernières années, depuis ceux qui étaient déjà célèbres, jusqu'à ceux qui commençaient à le devenir. J'ai eu l'impression d'un homme qui assisterait, de sa fenêtre, à une revue dont les soldats, les officiers et les généraux se seraient tous illustrés dans de récentes campagnes. Car le temps a ratifié vos arrêts. Vous avez eu raison tout de suite en face de certaines personnalités devant lesquelles d'autres critiques hésitaient. C'est que vous avez un procédé d'examen qui me paraît devoir être toujours infaillible.

Si je vous avais adressé cette lettre sous la Restauration, je n'aurais pas manqué de vous comparer à une abeille se posant et butinant sur toutes les fleurs du jardin des lettres pour en extraire le suc et en composer le miel de ses jugements. — Miel est le véritable mot, votre critique étant toujours douce. Mais pour qui sait lire, toutes les réserves y sont sous la forme la plus courtoise et la plus délicate. Comme vous n'appartenez à aucune école, vous n'avez pas le moindre parti pris et vous vous laissez aller, comme le premier venu, à toutes vos sensations, seulement ce premier venu a ici l'amour et l'habitude des choses de l'esprit, une vue claire, une remarquable faculté de synthèse et de concision, tout ce que doit avoir enfin celui qui a été nourri comme vous de la bonne moelle du dix-septième et du dix-huitième siècle. En gardant de ces deux siècles ce qu'ils avaient de bon, vous avez retenu aussi cette urbanité qui était une de leurs plus précieuses qualités, dont nous nous éloignons malheureusement de plus en plus. La politesse n'exclut pas la vérité, elle lui donne le moyen de circuler plus facilement, voilà tout, et elle lui constitue, par dessus le marché, une autorité durable que la violence n'a jamais eue. Mon goût pour ce genre de critique qui rend d'ailleurs celle-ci moins aisée que ne l'affirme un vers célèbre, faussement attribué à Boileau, va jusqu'à me faire trouver excellente la coutume des juges anglais, s'excusant auprès des prévenus déclarés coupables, de la nécessité où ils sont de les faire pendre, mais les faisant pendre tout de même. Aussi, n'ai-je jamais compris la colère fulminante de certains critiques contre certaines œuvres qu'ils accusaient du vice le plus fréquent chez l'homme : la médiocrité. La médiocrité mérite-t-elle tant d'indignation ? Ces gens-là n'ont donc jamais été trahis par leur maîtresse; leur femme, leurs amis ou leurs enfants, qu'ils ont tant de bile en réserve contre leurs confrères, puisque passent pour confrères tous ceux qui se servent du même outil. En général, ces critiques intolérants se recrutent parmi ceux qui ont essayé de produire comme ceux qu'ils attaquent et qui n'ont pas pu y arriver.

Est-ce bien l'esthétique, l'art, le goût, la morale qu'ils défendent? N'est-ce pas plutôt au succès qu'ils en veulent, et la fortune qu'ils envient? Larochefoucauld a dit : « Nous avons tous assez de force en nous pour supporter le malheur des autres. » C'est vrai. Il aurait peut-être dû ajouter : « Mais nous n'en avons pas toujours autant pour supporter leur bonheur. » Et cependant, il y a bien assez de compartiments sociaux, comme le barreau, le négoce, la politique, les religions, sans compter la guerre officielle, où les hommes croient avoir de bons prétextes de se haïr, de s'insulter, de se battre et de se tuer, sans que la littérature, qui a si grand besoin de la paix pour se développer et fleurir, ne vive pas en paix chez elle. Nous devrions profiter de ce que nous habitons un monde imaginaire, pour y réaliser ce rêve irréalisable dans le monde réel : de nous aimer les uns les autres, ou d'en avoir l'air, devant ceux qui nous regardent. Il semblerait tout naturel que le peuple qui se déclare le plus spirituel du globe commençât par l'être assez pour ne dire jamais que du bien des productions de son esprit. Il est bien arrivé à faire croire que les vins du Bordelais, de la Bourgogne et de la Champagne sont les meilleurs vins de la terre, et à faciliter ainsi sous ces étiquettes l'écoulement de toutes les falsifications les plus grossières, il aurait bien pu en faire autant pour sa littérature, d'autant plus que telle qu'elle est, bonne ou mauvaise, depuis longtemps elle demeure la première du monde. Au lieu de cela, nos compatriotes la dénigrent tant qu'ils peuvent, et ce sont les étrangers qui sont forcés de nous dire à chaque instant : « Ne croyez pas tout le mal que vous dites de vous. » Et pour prouver leur dire, ils nous traduisent dans toutes les langues, ils nous représentent sur tous leurs théâtres, avec ou sans droits d'auteurs, ils nous adaptent, ils nous imitent, ils nous pillent, ils nous volent. Et pendant ce temps-là, quelques-uns de chez nous crient à tue-tête : Les arts et les lettres se meurent en France !

Vous n'êtes pas de ceux-là, vous aimez vos compatriotes et vos confrères, et vous les défendez tant que vous pouvez. Vous vous plaisez à ne chercher dans leurs œuvres que le côté par où elles peuvent valoir, et à mettre en évidence cette valeur, en citant toujours à l'appui de votre bonne opinion un des morceaux qui la motivent. Ce procédé bien simple exclut toute tricherie. On goûte le vin avant de l'acheter, et même tiré, on n'est pas forcé de le boire. Vous pouvez vous tromper, — je ne l'ai pas vu une seule fois, — vous ne pouvez tromper personne. Quant aux œuvres dans lesquelles vous ne trouvez pas de morceau à citer, vous vous contentez de n'en rien dire. Le silence est une opinion en cette matière et il est d'or, dit le proverbe arabe. Que les mauvais livres aillent se faire vendre ailleurs ! Si disposé que vous soyez à la bienveillance, on n'y sent jamais la moindre concession à la camaraderie ; il n'y en a pas trace dans une seule des deux mille cinq cents ou trois mille pages que vous avez consacrées aux ouvrages contemporains, et Dieu sait si vous avez dû être sollicité !

Il y a là une dignité professionnelle dont je ne saurais trop vous louer. Ainsi s'explique, en dehors de votre talent d'écrivain, la grande influence que quelques lignes de vous ont sur le succès des livres nouveaux. Décidément, l'association de la bonne foi et du bon sens a du bon. Ayant entre les mains une arme redoutable, la plume d'un des critiques les plus autorisés qu'il y ait dans le journal le plus répandu qui soit, vous avez résolu ce problème, de ne dire que la vérité et de ne faire que le bien.

Et voilà de quoi je viens vous remercier en mon nom et au nom de tous ceux que vous avez portés à l'ordre du jour, dans la *Bataille littéraire*, et qui seraient tous heureux de vous le dire comme je vous le dis.

Bien à vous,

A. DUMAS FILS.

LA BATAILLE LITTÉRAIRE

RÉALISTES ET NATURALISTES

I

EMILE ZOLA

Le docteur Pascal

En tête des romans de M. Émile Zola, juste au-dessus du titre, on trouve invariablement cette ligne imprimée : « Les Rougon-Macquart, « histoire naturelle et sociale d'une famille sous « le second Empire. » Cette série qui comprend : *L'Assommoir*, *La Curée*, *La Fortune des Rougon*, *L'Argent*, *La Terre*, *Le Rêve*, *La Faute de l'abbé Mouret* et bien d'autres œuvres puissantes qui, pour avoir été discutées, ne laisseront pas une trace moins profonde dans l'histoire de notre littérature, est aujourd'hui terminée. C'est le *Docteur Pascal* qui marque la fin de cette longue étude sur l'hérédité et ses conséquences morales et physiques.

Les découvertes de la science médicale, si nombreuses aujourd'hui, mais dont les bons effets sont si lents à se manifester, ont beaucoup préoccupé le romancier et son héros. La question de ces microbes, qui tient une si grande place dans les journaux et dans les laboratoires, devait hanter le cerveau d'un homme épris de son art comme l'était le docteur Pascal. Sans doute, il a dû s'étonner de voir que si tous les jours on découvrait comme à plaisir les microbes de toutes les maladies, choléra, phtisie, fièvres typhoïdes, etc., la plupart du temps quand la science parvenait à tuer le bacille, ce n'était qu'en tuant le malade ; mais dans son amour de l'humanité, dans sa confiance en la nature, il multipliait ses expériences et vouait sa vie à combattre la mort.

Comme le docteur Faust, Pascal n'avait vécu que pour ses recherches, ses découvertes ; patiemment il avait dressé l'Arbre généalogique des Rougon-Macquart dont le sang était le sien. Depuis plus de vingt années, il le tenait au courant, inscrivant les naissances et les morts, les mariages, les faits de famille importants, indiquant en notes brèves les cas, et les expliquant d'après sa théorie désespérante de l'hérédité. Il avait ainsi évoqué toute la lignée, la branche légitime et la branche bâtarde, et cela au désespoir de sa mère, de Félicité qui ne rêvait que la destruction de ces documents dont l'existence pesait sur son orgueil, dévoilant les vices et les infériorités de toute la race.

Abîmé dans ses travaux, Pascal, toujours comme Faust, avait laissé passer la vie et, à soixante ans, on ne lui avait connu qu'une passion pour une dame qui était morte et dont il n'avait jamais baisé le bout des doigts. Deux femmes vivaient près de lui : sa servante et sa nièce, une angélique et intelligente jeune fille de vingt-cinq ans, cette dernière absorbée dans l'admiration et par le culte du maître dont la bonté faisait pour elle une sorte d'être surhumain. Pascal se tuait littéralement à toutes ces recherches, la longue étude qu'il avait faite de l'hérédité achevait de l'empoisonner, lui fournissait des causes toujours renaissantes d'inquiétude ; il se sentait menacé par ces ancêtres au sang vicié, et s'analysait sans cesse, épiant la moindre de ses sensations. Chaque soir le même glas sonnait sous son crâne : l'hérédité, l'effrayante hérédité, la peur de devenir fou.

« En somme, le docteur Pascal n'avait qu'une

« croyance, la croyance à la vie. La vie était l'uni-
« que manifestation divine. La vie c'était Dieu, le
« grand moteur, l'âme de l'univers. Et la vie n'a-
« vait pour lui d'autre instrument que l'hérédité ;
« l'hérédité faisait le monde ; de sorte que, si l'on
« avait pu la connaître, la capter pour disposer
« d'elle, on aurait fait le monde à son gré... Son
« rêve aboutissait à cette pensée qu'on pourrait
« hâter le bonheur universel, en donnant la santé
« à tous. Lorsque tous seraient sains, forts, intel-
« ligents, il n'y aurait plus qu'un peuple supé-
« rieur, infiniment sage et heureux. »

Mais, hélas ! le pauvre docteur raisonnait sans l'insuffisance des moyens que la science pouvait mettre en ses mains, et pour quelques résultats qui l'étonnèrent, il dut bien vite constater qu'il ne lui était pas donné plus qu'à d'autres de reculer d'une seconde l'heure fatale quand elle était marquée à la grande horloge.

Je me hâte d'arriver au point culminant de l'ouvrage, à la partie vivante, au moment où, fatigué de tourner les yeux vers l'avenir, le docteur Pascal voit, dans le présent, l'adorable jeune fille qui est à ses côtés, et se sentant adoré, consent à adorer à son tour. Il oublie ses soixante ans, ébloui par la jeunesse qui s'offre à lui et, dédaigneux des lois sociales, s'unit à celle qui vient à lui. Il faut le dire, cette scène difficile qui, en résumé, nous montre le concubinage inutile de l'oncle et de la nièce, car le maire n'eût rien gâté à l'affaire, est traitée avec un tel talent, que l'odieux en disparaît pour faire place à une sorte de tableau biblique. Pour eux, pour Pascal et pour Clotilde, ils ne font que recommencer l'histoire du vieux roi David et de la jeune Sunamite. « Ce frisson du vieux roi, n'était-ce pas » celui qui le glaçait maintenant dès qu'il se cou» chait seul, sous le plafond morne de la cham» bre ? » La Bible fourmillait d'ailleurs d'exemples encourageants pour eux, et les unions de vieillards et de jeunes filles en sortaient comme d'elles-mêmes : Abraham et Agar, Ruth et Booz et tant d'autres ! En vain parle-t-on de cet imprévu été de la Saint-Martin dans tout le petit pays, nos amants se confinent dans leur bonheur, à ce point que le médecin, ayant perdu sa clientèle, voit la misère entrer dans la maison. Cette fois il redevient homme en sentant qu'il ne se perd pas seulement lui-même, mais qu'il sacrifie à sa dernière passion une enfant aveuglée par l'amour ; il veut s'en séparer et, ne pouvant plus la marier, la confie à son neveu, le frère de Clotilde.

Ici le roman prend, de par le caractère très net de l'héroïne, son importance capitale. Quelques lignes empruntées au livre vont l'expliquer ; dans les caresses de l'amour elle a surtout et toujours recherché l'espoir de la maternité :

« C'était, pour elle, la conséquence naturelle
» et indispensable de l'acte. Au bout de chacun
» de ses baisers se trouvait la pensée de l'enfant;
» car tout amour qui n'avait pas l'enfant pour but
» lui semblait inutile et vilain.

» Même, il y avait là une des causes qui la
» désintéressait des romans. Elle n'était pas,
» comme sa mère, une grande liseuse ; l'envolée
» continue de son imagination lui suffisait ; et,
» tout de suite, elle s'ennuyait aux histoires
» inventées. Mais, surtout, son continuel éton-
» nement, sa continuelle indignation étaient de
» voir que, dans les romans d'amour, on ne se
» préoccupait jamais de l'enfant. Il n'y était pas
» même prévu, et quand, par hasard, il tombait
» au milieu des aventures du cœur, c'était une
» catastrophe, une stupeur et un embarras con-
» sidérable. Jamais les amants, lorsqu'ils s'aban-
» donnaient aux bras l'un de l'autre ne semblaient
» se douter qu'ils faisaient œuvre de vie et qu'un
» enfant allait naître. Cependant, ses études
» d'histoire naturelle lui avaient montré que le
» fruit était l'unique souci de la nature. »

Elle part le cœur brisé, et le pauvre savant
veut reprendre son métier. Mais ces chagrins,
comme ce bonheur, ont usé le corps du vieillard
qui constate un jour aux battements de son
cœur que l'heure suprême va sonner pour lui.

Toute cette partie du livre est pleine d'une réelle beauté, et ce n'est pas sans émotion qu'on lira ces pages où l'on voit le médecin épiant la mort sur lui-même et parlant aussi posément de sa mort et de la science que Socrate au milieu de ses disciples. Mais la nature ne fait rien à demi, et c'est quand la pauvre bête humaine est chargée de misère à ne se plus relever, qu'elle ajoute encore de plus lourds fardeaux. Au milieu de son agonie, il apprend que cet enfant tant souhaité, le but, l'excuse de son amour, est sur le point de naître. Il a encore la force d'écrire à celle qui va lui donner le plus grand bonheur de son existence, de venir sans tarder d'une heure. Mais les minutes lui sont comptées, et c'est à travers les voiles que l'agonie a tendus sur ses yeux qu'il lui faut suivre sur l'horloge le pas trop lent des aiguilles. Par un dernier effort, il se lève, peut se traîner jusqu'à une table, y écrire à tâtons la date de sa mort, et tombe sans avoir pu voir celle qu'attendait son baiser suprême.

La scène, je le répète, est superbe et clôt d'une magistrale façon la série de l'histoire des Rougon-Macquart. C'est une conclusion scientifique, philosophique et morale. Enfin, et bien que je ne trouve pas le symbolisme nécessaire, aujourd'hui qu'on croit devoir en mettre un peu partout, il y a en effet dans le *Docteur Pascal* une idée symbolique résumée par ses amours et

celles de Clotilde, c'est l'amour de la vie, l'éternel recommencement, la vie nouvelle reverdissant les vieux troncs appauvris, l'humanité perpétuée et sauvée par l'enfant. « Une mère qui
« allaite, n'est-ce pas l'image du monde continué
« et sauvé ?... que disait-il, le petit être, pour
« qu'elle sentit battre son cœur sous le sein
« qu'il épuisait?... Et, dans le tiède silence, dans
« la paix solitaire de la salle de travail, Clotilde
« souriait à l'enfant, qui tétait toujours, son pe-
« tit bras en l'air, tout droit, dressé comme un
« drapeau d'appel à la vie ! »

J'ai tenu à laisser dire les derniers mots par Émile Zola ; qu'il me soit permis d'ajouter pourtant, après cette citation, ce que j'entendais dire autour de moi, dans un monde de lettrés où chacun parlait des défauts et des qualités du romancier : — On ne se serait pas expliqué que M. Zola fût entré tout droit, dès le premier coup, à l'Académie, et l'on ne s'expliquerait pas non plus maintenant qu'il n'y entrât pas.

II

PAUL BOURGET

Le Scrupule

L'idée du petit roman de M. Paul Bourget : *le Scrupule*, pour avoir frôlé seulement la donnée des nouvelles de Musset et de Mürger, semble y avoir pris un léger parfum de leurs mélancoliques amours et amourettes, comme une dentelle s'imprègne de verveine et de violette au voisinage d'un sachet.

Dans *le Scrupule*, je ne trouve pas « l'abus de la nuance » que M. Bourget croit devoir se reprocher, et qu'il appelle sa volupté préférée ; tout au contraire, l'ensemble m'y apparaît très simple de ligne, très juste de proportions et ne laissant voir de détails que ce qu'il en peut contenir, les fixant chacun à leur plan, dans la dimension qu'impose la perspective. La fable est touchante ; c'est l'histoire de l'un de ces amours de passage qui préparent le cœur à aimer définitivement un jour ; cruelles études d'écolier le plus souvent, mais point dans le cas spécial que nous présente M. Bourget. Chez une demi-prostituée, son héros rencontre une jeune fille, une petite sœur élevée près de la débauche sans que le contact l'en ait encore souillée. Naïvement elle apporte le déjeuner du matin au « monsieur » qui est dans le lit, et cette chose répugnante, cette innocence près de cette honte, est si bien présentée que l'esprit la comprend et trace sans effort la limite qui les sépare. Je reproduis le commencement de cette jolie scène :

Cependant l'entrée de la petite Blanche dans cette chambre me sembla quelque chose de si étonnant, presque de si monstrueux, l'initiation de cette enfant à la vie intime de sa sœur comportait un si complet oubli de la plus élémentaire propreté morale, que je ne crois pas avoir éprouvé, ni auparavant, ni depuis, une sensation de gêne, et, pour tout dire, de honte plus complète ! Mais j'étais vraiment le seul à l'éprouver, et, quoique ce soit un mot divin à ne pas profaner, il faut bien que je l'avoue la candeur la plus entière souriait sur le visage de l'enfant de quinze ans en train de s'approcher du lit, avec l'assiette de soupe fumante en équilibre entre ses doigts. Sa seule préoccupation était visiblement de ne pas répandre une goutte du bouillon dont le rustique et cordial arome se mélangeait maintenant, dans la chambre, aux fortes senteurs des eaux de toilette d'Aline et à la fine odeur du café.

J'abrège : la fille galante meurt d'une soirée de plaisir, et celui qui nous raconte ce drame ou cette comédie veut arracher l'enfant au gouffre où elle va forcément glisser. Mais les êtres ont aussi leurs destins, et, quelques années après, il la retrouve, exerçant, dans un monde un peu moins bas, la même profession que sa sœur. La rencontre est prétexte pour M. Bourget à de bien précieuses observations, ou plutôt au récit de sensations rapportées avec une grande fidélité. Mais, par une exquise délicatesse, ni l'homme ni la femme ne veulent rouvrir le livre où il a été fermé, à la première page où commençait l'amour. Un peu comme Titus, un peu comme Bérénice, ils se quittent pour ne plus se revoir, pensant tous deux à la pauvre morte dont le souvenir, léger fantôme, est venu se mettre entre leurs désirs.

Si cette innocence préservée dans un milieu de vice étonnait quelqu'un, je lui répondrais par ce fragment de la dernière conversation de la grande cocotte au jeune homme.

— Vous n'auriez pas cru que l'on pouvait être si innocente dans ces conditions-là ?.... n'est-ce pas ?... Je l'étais pourtant, je vous le jure. Ah ! comme je l'étais ! Et fixant dans l'espace un point imaginaire : Comment cela se faisait-il ?... Je ne le comprends pas moi-même aujourd'hui.... Je voyais les choses. Vraiment c'était comme si je ne les voyais pas... Ce n'est qu'à la mort d'Aline et en lisant les lettres qu'un peu de lumière s'est faite, et puis lorsque vous m'avez parlé... Vous savez, quand on est tout à fait, mais tout à fait sage, on est comme une somnambule... Je me suis rattrapée depuis...

III

E. DE GONCOURT

Madame Gervaisais

Qui ne se rappelle *Madame Gervaisais*, le délicat roman d'Edmond et Jules de Goncourt, cette précieuse étude de Rome en 1866, d'une Rome qui n'est pas bien lointaine par les années, mais que les révolutions mondaines, les modifications sociales semblent avoir rapprochée de celle de Stendhal? En feuilletant la nouvelle édition, que Lemerre en a donnée dans la « Petite bibliothèque littéraire », je n'ai pu m'empêcher de relire ces belles pages, dans lesquelles j'ai revu le Colysée, le Campo Vaccino, et qui resteront comme de bons morceaux de la langue française. Outre l'attrait du roman, du journal si simplement émouvant de cette femme et de cet enfant, *Madame Gervaisais* présentait pour moi l'intérêt du premier pas fait dans le *roman mystique*, que beaucoup croient inventé d'hier, sinon d'aujourd'hui. Il suffit de lire les dernières pages du livre pour en restituer l'initiative à MM. de Goncourt, car, il faut le répéter, ils sont justement les initiateurs du mouvement actuel, et je ne sais guère de quel côté nos littérateurs, naturalistes, mystiques analystes, auraient tourné leur objectif s'ils ne s'étaient orientés sur les : *René Maupérin, Sœur Philomèle*, etc.

Madame Gervaisais, comme les autres ouvrages de Goncourt, n'est qu'une étude d'après nature ; tout le monde en peut faire ; mais pour leur donner l'intérêt, la vie, il faut savoir choisir son point de vue, se placer ; tout est intéressant, mais à la condition d'être dans son jour ; c'est le choix du terrain d'observation qui a assuré le succès à leurs tableaux. Dans une note, M. Edmond de Goncourt nous a raconté la genèse de *Madame Gervaisais* : c'est une parente qui a servi de modèle aux auteurs :

Pauvre tante, je la revois quelques années après la vente de Ménilmontant, à une de mes premières grandes sorties autorisées par ma mère, je la revois dans une petite maison de campagne louée en hâte, un mois, où elle était très souffrante, dans la banlieue, une maison cocasse à créneaux, collée contre un grand mur, avec au-dessous un jardin, comme au fond d'un puits. C'était le matin. Ma tante était encore couchée. Flore, sa vieille femme de chambre, qui avait sur le nez un pois chiche, paraissant sautiller, quand les choses allaient mal à la maison, me disait que sa maîtresse avait passé une mauvaise nuit. Et aussitôt que ma tante m'eut embrassé, son premier mot à sa femme de chambre était : Donne-moi un mouchoir. Et je m'apercevais qu'elle lui tendait le mouchoir de la nuit, plein de sang, et que ses maigres mains cherchaient à cacher. Et je la revois encore avant son départ pour Rome, dans un appartement de la rue Tronchet, comme perdue, comme un peu effacée, dans le brouillard d'émanations de plantes médicinales.

A Rome le récit de la vie de Mme Gervaisais, de la vie de ma tante, en notre *roman mystique,* est de la pure et authentique histoire. Il n'y a absolument que deux tricheries à l'endroit de la vérité dans tout le livre. L'enfant tendre, à l'intelligence paresseuse, que j'ai peint sous le nom de Pierre-Charles, était mort d'une méningite, avant le départ de sa mère pour l'Italie, et sur ce pauvre et intéressant enfant, présentant un sujet neuf sous la plume d'un romancier, j'ai fait peser le brisement de cœur et les souffrances morales de son frère cadet, pendant la folie religieuse de sa mère. Enfin ma tante n'est pas morte en entrant dans la salle d'audience du Pape, mais en s'habillant, pour aller à cette audience.

On a jugé très sévèrement parfois les œuvres des frères de Goncourt ; tout en reconnaissant à la critique le droit d'être sévère, je crois qu'il y a eu la plus part du temps erreur à leur endroit ; on leur a reproché le manque de composition, le défaut d'arrangement, sans songer qu'on n'avait point affaire à des romanciers dans le sens du mot usité jusqu'ici. Leur unique désir a été d'être vrais et de donner plutôt au public des études sincèrement faites d'après nature, que des tableaux composés suivant les règles qui se sont établies. Je ne nie pas qu'un roman bien échafaudé, bien construit, ait un grand charme pour moi, mais je dois dire que quelquefois un simple croquis pris sur le vif m'a causé plus de plaisir qu'un tableau longtemps travaillé dans l'atelier.

IV

JULES LEMAITRE

Les Rois

Le livre de M. Jules Lemaître n'est ni un roman, ni un récit historique, ni une fantaisie, bien qu'il se compose d'un peu de tout cela. Sous ce titre : *Les Rois*, il a encadré aussi bien un grand drame qui s'est joué dans le plus grand monde autrichien, les actes de folie et aussi de sagesse du roi de Bavière ; que d'exquises réflexions pleines de sagesse sous cette forme ironique qui fait songer aux contes de Voltaire. M. Lemaître a fabriqué un petit prince à sa façon, et c'est dans les projets qu'il forme, projets si pleins de raison qu'ils le font passer pour fou, que l'auteur a développé ses idées avec la verve critique qu'on lui sait :

A dix-huit ans, il résolut de vivre à sa guise. Comme

il n'était pas probable que Renaud dût régner jamais, le roi son oncle renonça assez vite à s'occuper de lui et à le diriger. Le jeune prince avait, d'ailleurs, une obstination douce contre laquelle aucune autorité ne pouvait rien.

Son premier dessein fut d'être artiste et poète. Tout de suite, et le plus naturellement du monde, il donna dans les extravagances extrêmes des plus jeunes écoles, de celles qui se composent d'un maître et quelquefois d'un disciple. Pendant plusieurs années, tous les adolescents symbolistes, décadents et instrumentistes, tous les pseudo-primitifs, et les pseudo-mystiques, et les néo-moyen-âgeux, tous les inventeurs de frissons nouveaux et de prosodies inaccoutumées, tous les occultistes, les sârs, les rose-croix et les sadiques, et aussi les musiciens pour qui Wagner n'est qu'un précurseur et qui orchestrent « J'ai du bon tabac » avec les bruits de la grève et de la forêt, et encore les peintres esthètes, les peintres bleus et jaunes, ceux qui dessinent très mal de longues âmes encerclées de petits plis et tenant des lis dans leurs mains d'âmes, et pareillement les pointillistes, les tachistes, les luministes, ceux qui voient les paysages comme des envers de tapisseries et qui, sous prétexte que tout, dans le monde des couleurs, n'est qu'échanges de reflets, peignent des cuisses mauves et des seins couleur de soufre. Tous les ahuris ou tous les farceurs de la littérature et de l'art, tous les désireurs d'on ne sait quoi, eurent leur couvert mis chez le prince Renaud et puisèrent dans sa bourse crédule.

Il donnait dans son palais des spectacles étranges et puérils, où des cabotines en robes blanches, les cheveux poudrés de violet, étaient crucifiées pour l'amour de Satan, qui était aussi Jésus, et où le chœur des cochers verts et le chœur de cochers bleus chantaient alternativement des hymnes ésotériques devant Théodora, la chercheuse, qui rêvait, les yeux fixés sur le scorpion d'améthyste allongé entre ses deux seins, cependant que des vaporisateurs exhalaient des parfums verts, bleus, jaunes, rouges, subtilement assortis aux vêtements des interprètes, à leurs paroles rythmées et aux musiques de l'orchestre... Et le prince Renaud marchait par la ville, escorté de jeunes gens généralement chevelus et mal bâtis, et qui, sous leurs esthétiques abstruses, dissimulaient des prudences de notaires, des vanités de ténors, des intolérances d'imbéciles et quelquefois des aspirations de simples sodomites.

Je renvoie au livre pour le roman, qui est fort intéressant par lui-même, mais j'ai voulu montrer un échantillon de l'esprit général de cette œuvre charmante, qui contient la critique, non pas de tous nos ridicules, il faudrait un trop gros volume, mais de pas mal de ceux que quelques farceurs ou convaincus, ce qui est pire, ont arborés récemment.

V

PAUL MARGUERITTE

La Tourmente

Sur le retour, La Force des choses, et d'autres romans aussi de M. Paul Margueritte, lui ont valu d'être classé parmi les écrivains trop rares qui savent obéir à leur tempérament ; les écoles naturaliste, analyste, ne l'ont pas préoccupé plus l'une que l'autre et, né observateur et conteur, il a écrit en une langue facile des œuvres de délicate saveur. *La Tourmente,* qu'il vient de publier, représente, disent les critiques, un grand effort, en même temps qu'une évolution dans la forme de son réalisme ; la chose est peut-être vraie, mais j'en serais au regret s'il y paraissait beaucoup dans son livre ; pour bien faire, il n'y faut pas trop chercher, et prendre surtout garde de perdre la personnalité que la nature, avare de ce don, vous a accordée. Il devrait être défendu à tout romancier entré dans la période de production, de lire les œuvres des autres romanciers sous prétexte de savoir ce qui s'écrit ; « ce qui s'écrit » est toujours à éviter, et sa connaissance ne sert généralement qu'à troubler ceux que persécute le noble désir de mieux faire.

J'ai entendu un philosophe digne de ce nom, en ce sens qu'il n'avait jamais écrit un mot de philosophie, expliquer comme quoi le mot progrès ne devait pas être confondu avec le mot amélioration, et il ajoutait comme preuve à l'appui : « Les maladies, les épidémies, elles aussi, font des progrès, et ce n'en est pas plus gai ! » Peut-être bien que les opinions de mon philosophe ne sont pas précisément applicables aux évolutions de l'art, mais je reviens à ceci que ces évolutions sont involontaires et qu'on n'y apporte guère plus d'aide ni d'entraves qu'au mouvement de la terre qui nous entraîne et nous fait tourner sans que nous en ayons conscience.

C'est pourquoi je n'ai voulu voir dans *La Tourmente* de M. Paul Margueritte que ce qu'il y a mis de son propre fonds, sans chercher s'il était peu ou prou engagé dans les sentiers familiers à M. Paul Bourget ou à M. d'Annunzio ; sa thèse est hardie, car il essaye de mettre aux prises une âme noble avec un sacrifice trop beau, trop haut pour durer ; il s'agit d'un mari à qui sa femme avoue un adultère consommé ; le mari pardonne et se heurte ensuite à tout l'impossible d'une situation fausse; de là des scènes d'où le talent de l'auteur a su faire jaillir l'angoisse et la pitié; les pages où se trouvent les aveux de la femme, celles où le mari use de clémence forment la partie capitale du livre. Le roman n'a pas de dénouement présent, et c'est dans ce vague que consiste le charme qui vous poursuit quand on a fini de le lire. Les deux époux, qui ne le seront plus que de nom, décident qu'ils ne se réuniront désormais que d'âme, et seulement pour élever leur nièce, une enfant ; alors, comme le dit M. Paul Margueritte, Jacques et Thérèse, les années étant venues, pourront se sourire, sans honte, sans arrière-pensée, ayant lutté et souffert par l'amour, ayant haussé et ennobli en eux l'idéal ; ils auront alors des cheveux gris. Comme on peut le pressentir, la grande valeur du livre est dans l'observation des nuances les plus délicates des sentiments les plus intimes.

VI

GEORGES D'ESPARBÈS

La Légende de L'Aigle

Le docteur Véron, déjà avancé en âge, affirmait qu'il lui suffisait de lire dix pages d'un roman de Crébillon fils, pour se sentir subitement ragaillardi, et le chapitre du Bastion Saint-Gervais d'Alexandre Dumas, pour obtenir une faim de mousquetaire. Si le fait était vrai et si les années lui avaient laissé cette impressionnabilité de lycéen, je ne doute pas qu'il fût devenu un héros, rien qu'à la lecture de la *Légende de l'Aigle*, suite d'anecdotes militaires dont M. Georges d'Esparbès vient de faire un volume. Il n'est guère possible de donner plus le sentiment du mouvement, des irrésistibles élans des bataillons qui se précipitent, des tourmentes de cavalerie rasant les plaines dans des tourbillons de fumée et de poussière, des emballements des hommes et des bêtes, du crépitement des coups de feu, des clameurs des soldats, des appels des trompettes, des cliquetis des gourmettes, du déchirement de l'air par les bombes, que dans ces pages d'impérieux intérêt.

C'est un véritable poëme épique fait de vingt chapitres indépendants, que le livre de M. Georges d'Esparbès, livre plein de jeunesse, de foi et de courage, qui vient comme pour protester contre les doctrines vieillottes et égoïstes qui, sous prétexte de bon sens et de philosophie, saluent sans le discuter le fait accompli, prêchent le renoncement à toute résistance, l'abandon de tout ce qui a été la gloire et l'honneur de notre pays. Craignez les imprudences des chauvins, mais écoutez bien aussi ceux qui crient tant contre le chauvinisme français, et dites si vous ne leur trouvez pas le plus souvent un peu d'accent étranger.

Dans la *Légende de l'Aigle*, il ne faut pas voir simplement l'apologie de l'Empire ni de l'Empereur, mais de l'armée et de la France de tous les temps ; l'auteur a pris dans notre grande épopée des légendes à la d'Artagnan, sublimes d'invraisemblance, parfois des récits dramatiques empreints d'une puissante poésie, Certes, après avoir lu ce livre, il en est beaucoup qui le déclareront insensé ; insensé, soit, mais à la façon des contes de fées qui nous montrent en un rêve, que nous voudrions vivre en réalité, des jeunes filles aussi belles qu'immaculées, des hommes droits et vaillants, des printemps à éternelles floraisons. Et puis, pour tout dire, si c'est surtout quand le temps est sombre qu'on est porté à rêver du pays du soleil, on est bien excusable d'aller chercher des réconfortants glorieux dans le passé, quand le présent est fait de jours si douloureux pour notre fierté.

VII

D'ANNUNZIO

L'Intrus

Devant le Tribunal, le meurtrier du petit enfant devrait dire : « J'ai commis un crime. Cette cré-
« ature ne serait pas morte si je ne l'avais pas
« tuée ; c'est moi qui suis l'assassin. J'ai prémé-
« dité cet assassinat dans une maison. Je l'ai
« commis avec une parfaite lucidité de conscien-
« ce, méthodiquement, en toute sécurité. Puis
« j'ai continué à vivre dans ma famille avec mon
« secret ; mais ce petit fantôme m'obsède, tue
« mes jours et mes nuits, ma conscience m'en-
« traîne ; je viens me livrer, jugez-moi ! »

Et de fait, le crime commis est la plus révoltante lâcheté qu'on puisse concevoir, si on l'isole, si l'on ne tient compte ni des conditions dans lesquelles il a été accompli, ni de l'état spécial du criminel doué d'une intelligence, d'une exagération de sensivité si subtiles qu'elles constituent presque un état morbide. Aller chercher doucement dans son berceau un petit enfant, l'exposer, la fenêtre ouverte, à une effroyable gelée d'hiver pour qu'il prenne la mort entre deux sommeils, rentrer paisiblement chez soi et attendre, sous les yeux de la mère alitée qui ne soupçonne rien, que la nature ait fait son œuvre, et cela sans colère, dans la plénitude de sa raison, n'est-ce pas le crime le plus odieux qu'un homme puisse accomplir ? Je ne sais que certains de nos jurés de Paris pour l'absoudre, eux qu'un polémiste a surnommés : les protecteurs nés de l'infanticide.

Tel est le point d'arrivée d'un roman italien que je viens de lire et qui laisse bien loin derrière lui les dernières études analytiques, les examens assidus et persistants du moi, qui constituent une des évolutions de la littérature moderne. M. G. d'Annunzio, l'auteur de l'*Intrus*, qui, en italien, portait le titre de l'*Innocente*, semble procéder de M. Bourget par certaines tendances, mais il a pourtant une physionomie très personnelle, très complexe aussi, car il est, en même temps que romancier, poëte et psychologue ; ces qualités éclatent à chacune de ces pages, pleines d'une telle intensité de vie, d'une pénétration si aiguë, d'une cruauté de vérité, d'un reflet si net des images criminelles qui passent parfois sur les consciences les plus pures, que l'on ne pense pas au talent de l'auteur, captivé et étonné par des révélations de ces faiblesses intimes, ces défaillances de conscience dont tout homme a pu sentir en soi les embryons.

Tullio Hermil, le héros de M. d'Annunzio, examine minutieusement la route qu'il a suivie pour être arrivé insensiblement au crime ; il est sans pitié pour lui-même, il récapitule avec le plus grand sang-froid, la sagesse impassible d'un juge, la suite des actes qui l'ont amené à considérer une vie humaine comme un objet gênant qu'on supprime à son gré. Il faut suivre la logique serrée des déductions, leur enchaînement, leur progression, pour comprendre que, sans s'en être douté, le lecteur, entraîné, comme halluciné, finit par associer sa raison, ou plutôt sa déraison, à celle de Tullio Hermil, faiblit de ses faiblesses et pourrait devenir par instants son complice.

La progression de la déchéance est admirablement observée, pas à pas, glissement à glissement ; c'est une pente au bas de laquelle on se trouve sans s'apercevoir qu'on l'a descendue. Mari infidèle, par faiblesse d'âme, par excès d'orgueil, Hermil avoue que, se considérant comme un esprit rare, il est devenu incapable de concevoir le moindre sacrifice, la moindre abnégation de lui même. Il demande à sa femme, qui lui a pardonné, de vivre désormais avec lui comme une sœur, la meilleure de ses amies ; elle accepte simplement ; le sacrifice paraît tout naturel à l'égoïsme du mari. Mais le temps passe, et la maîtresse à qui il a sacrifié l'épouse, perd peu à peu de son empire ; ce cœur désorienté se retourne vers celle qui, pour avoir consenti un pacte cruel, n'a pas cessé d'aimer ; mais le corps doit ressentir aussi les souffrances de l'âme et la maladie vient la frapper ; puis c'est la convalescence et le charme d'une jeunesse qui refleurit. Le coupable est revenu attiré par ces sourires de « bébé malade » et le bonheur va renaître ; tout est oublié, les bras se tendent, les lèvres vont se toucher.

Alors, par un caprice de la nature humaine, obsédé par lui-même comme un personnage d'Edgard Poë, Hermil, que sa maîtresse a rappelé, part brutalement laissant derrière lui cette moisson de bonheur qui se levait. L'étude du moi est ici poussée à l'extrême, et parfois on se demande pourquoi tant d'intelligence ne sert pas à diriger plutôt qu'à égarer cet homme à qui la Nature l'a donnée. Il s'abandonne volontiers, comme l'ouvrier de Gavarni qui, voyant passer un ivrogne titubant, se contente de dire : — Voilà comme je serai dimanche !

Néanmoins ces pages contribuent à faire de

l'*Intrus* un livre d'une indiscutable valeur et nous conduisent au point culminant du roman. J'abrège: trompé par sa maîtresse, le fugitif revient et retrouve le pardon dans les larmes de celle qu'il a si cruellement trahie. Ainsi réduite, la transition est dure et inadmissible ; mais l'enchaînement des faits qui l'amènent semble la rendre toute naturelle. Tous deux s'aiment et pour la vie, la chose éclate, on la sent, on la voit. Mais, et c'est ici qu'est le grand drame, en reprenant celle qu'il a abandonnée, qu'il a retrouvée souffrante, Hermil surprend le secret d'une maternité prochaine. Le pacte qui consistait à vivre comme frère et sœur a été naturellement ignoré par la famille, qui se réjouit de voir apparaître le pardon et le bonheur sous la forme bénie d'un petit enfant. Hermil a-t-il le droit, lui, si bassement, si lâchement cruel, de se révolter contre ce châtiment inattendu? Sa conscience lui dit que non, et que celui à qui il a été tant pardonné est dans le devoir de pardonner à son tour. Prise d'affolement, dans un mouvement de désespoir inconscient, la victime s'est vengée ; mais elle veut mourir, et c'est la logique d'Hermil, si mal employée pour lui-même, qui la convainc de son innocence, lui démontrant que le crime n'existe pas quand l'âme n'est pas consentante. Tout dans l'avenir va donc les rapprocher ; mais un obstacle va se dresser entre eux : l'intrus, l'innocent qui va naître.

Dès ce jour, l'époux, sentant qu'il n'a plus le droit d'exiger le nom de celui qui a déshonoré la femme que, lui, il avait abandonnée, ne sachant de quel côté tourner sa vengeance, a décidé, dans les fièvres, les vertiges de sa folie lucide, que l'enfant devait mourir. Mais il veut que ce crime qui restera inconnu, sur lequel il va édifier son bonheur, soit commis avec toute le prudence possible et que nul être au monde ne puisse deviner en lui le meurtrier; froidement, comme un personnage de Poë, je le répète, il examine les diverses « méthodes »; en vain il regarde l'enfant qui tète, qui boit la vie, il ne rêve que sa mort, en choisit lentement le moment et finit par commettre le crime avec une parfaite sécurité ; mais, si bien amenée que soit la scène, et c'est ici que l'humanité triomphe, il est un moment où la nature reprend ses droits, où tous les raisonnements captieux, les faisceaux de syllogismes les mieux liés se dénouent, c'est un véritable assassin qu'on a devant soi, et quel assassin ! celui d'un petit enfant qui vient de recevoir les eaux du baptême.

Et la mère que sait-elle ? que fait-elle ? Ici le talent de l'auteur empêche qu'on songe seulement à porter un jugement sur elle ; cette femme, accoutumée à tout subir sans qu'un cri de révolte monte à ses lèvres, devine-t-elle le crime et, voyant son mari revenir à elle avec amour et pardon, éloigne-t-elle son esprit du présent pour ne plus songer qu'à l'avenir ? C'est ce doute qui jette sur la fin de ce roman un intérêt poignant et laisse cette impression de rêverie, d'idées qui se combattent, de cette émotion insurmontable que l'on subit toujours quand on vient de lire ce qui s'appelle une œuvre. Je ne crois pas que l'analyse passionnelle puisse être poussée à un plus haut point; jamais, en tout cas, elle n'a atteint cette intensité maladive et troublante. On pourra sans doute la taxer d'exagération, mais qui peut se vanter de savoir où doivent s'arrêter les phénomènes cérébraux et où se trouve exactement la ligne de démarcation qui sépare la raison de la déraison ? La vie n'est-elle pas pleine d'illusions, d'apparences trompeuses ? Bien souvent ce n'est pas l'homme qui change, ni ses opinions, mais les choses environnantes qui les modifient et les transforment ; on accuse le rivage de fuir et c'est le bateau qui marche ; une note de musique reste la même, mais les notes qui se groupent autour d'elle la dénaturent et, sans y toucher, la font gaie ou triste, majeure ou mineure.

Je n'ai pas la prétention d'avoir découvert M. G. d'Annunzio, l'auteur de l'*Intrus*, mais je dois signaler son livre aux lecteurs français comme une œuvre qui commande l'attention ; il offre ce double intérêt d'être, en même temps qu'un roman captivant, un remarquable spécimen du mouvement littéraire chez les Italiens, qui restent et resteront nos frères de race et de tendances, quoique la dissolvante politique ait inventé ou invente pour nous prouver le contraire.

VIII

AURÉLIEN SCHOLL

Les Ingénues de Paris

Il existe présentement en France un parti, très petit il est vrai, d'esthètes qui professent un grand mépris pour la gaîté et l'esprit ; on devine le pourquoi de ce dédain dès qu'on a lu quatre lignes de leur prose ; ne partageant en aucune façon leurs opinions j'ai passé quelques bons instants à lire : *Les Ingénues de Paris*, le dernier volume de nouvelles d'Aurélien Scholl.

Aurélien Scholl a toujours eu le bon sens de se servir de l'esprit que la nature lui a donné, sans l'entraver, non plus que son langage, par l'inquiétude des soi-disant écoles nouvelles. Né libre, il a toujours dit ce qui lui passait par la tête, dans la forme qui lui plaisait, et, comme il était né écrivain, personne n'a eu à s'en plaindre, ni lui ni les lecteurs. Ses succès littéraires, il les doit à son individualité multiple, car il est poète, sensible, boulevardier, observateur, et peut faire penser ou faire rire en restant toujours lui-même. Je m'arrête, j'aurais l'air de lui adresser des compliments et cela ne se fait pas entre confrères, bien au contraire. Je reviens à son livre et j'affirme que personne ne lira sans émotion les dramatiques récits qu'il a intitulés : *Ombres parisiennes, la Chinoise* et *la Danseuse de corde*.

A côté de ces études sérieusement traitées, venues comme d'elles-mêmes, sans prétentions à moraliser, je trouve un roman exquis dans la nouvelle intitulée : *Demoiselles à marier*, dont le héros qui vivait dans « cette société malsaine « qui a un pied dans l'almanach de Gotha et « l'autre à Poissy », épouse une jeune fille sur la foi d'une annonce qui dit : « Demoiselle à ma-« rier ; deux millions de dot. » — Qu'est devenu l'enfant ? est sa première question. On y répond, on l'épouse et on le traite comme un être absolument méprisable. Mais l'épouseur n'est pas si dégradé qu'il ne veuille se réhabiliter, et c'est là qu'est le petit roman.

L'idée est charmante et développée sous forme de comédie, fournirait certes une pièce intéressante. Je n'ai pas la prétention d'en indiquer le scénario, mais je suis persuadé que mise en œuvre soit par Scholl lui-même, soit par un habile du théâtre, l'idée contenue dans : *Demoiselles à marier* pourrait donner à la scène une bonne pièce de plus ; une idée, mais c'est la chose rare pourtant, et la disette s'en fait particulièrement sentir au théâtre ; nos auteurs sont devenus timides et n'osent presque plus produire depuis qu'on leur a affirmé qu'il n'y avait plus de salut que pour les pièces de provenance suédoise, norvégienne ou danoise.

L'esprit est à chaque page de ce livre. Deux jeunes filles causent ; l'une dit à l'autre qui va se marier : « — Et tu mettras ta couronne d'oranger ? — Puisqu'il mettra une cravate blanche ! — Et puis, tu sais, on les fait tenir avec des épingles!... » Quant à la *tromperie sur la marchandise*, il m'est impossible de la raconter, je la défends aux jeunes filles et aux jeunes garçons, mais je la prescris à tous les autres, les défiant de ne pas rire en la lisant ; il y a là une histoire de pommade des houris dont je garantis l'effet.

Le Club des femmes, une femme bête, où l'épouse avoue à son mari indigné qu'elle a un amant depuis deux ans et qui, comme correctif, ajoute : « — Mais pas le même ! » *La Ceinture de chasteté* (en caoutchouc !), *Père et potache* sont les chefs-d'œuvre du genre. Je voudrais pouvoir raconter cette dernière nouvelle où évolue une brave bourgeoise qui a pris pour amant un collégien de qui elle est correspondante et dont elle veut prolonger la vie au lycée pour le conserver plus longtemps. « — Oui, je t'aime toujours, mais je « ne puis pas rester en rhétorique jusqu'à quarante « ans, » s'écrie-t-il désespéré, « l'uniforme du ly- « cée me rend ridicule, je ne puis plus cacher ma « barbe, et puis je suis las de me cacher dans les « cabinets pour fumer une cigarette ! » *Plus de censure, la Scène à faire, Quelques fleurs...* sont des prodiges de gaîté ; mais il en est de la gaîté comme du bleu de l'eau des lacs qui disparait quand on en rapporte un peu dans un verre ; il faut la voir où le bon Dieu l'a mise, dans son cadre, aller en Suisse pour voir la couleur de l'eau, prendre le livre pour en comprendre toute la belle humeur.

IX

HENRI LAVEDAN

Leur beau physique

Leur beau physique, titre du dernier volume de M. Henry Lavedan, sans prétendre à continuer les Colloques d'Erasme, nous donne aussi en une série de dialogues, un tableau de certains ridicules de notre temps ; M. Lavedan, qui excelle à croquer nos mondains, n'a pas pris à tâche de peindre leurs vices, il ne s'occupe que de leurs côtés grotesques, ce qui est une assez belle besogne, et nous les montre sous toutes leurs faces.

Comme dans la haute vie, si les femmes ont troqué le charme et la grâce contre le brutal, le bourru, le garçonisme, les hommes se sont, eux, emparés de tout leur arsenal de séduction ; nous voilà maintenant avec des gaillards qui ont les soucis des grandes coquettes, qui cherchent une coiffure « très jolie, très tendre à l'œil », qui se parfument au petit bouquet des Alpes, qui s'efforcent de conserver la petitesse de leurs pieds, se contraignant à la chasteté pour en garder l'élégance et la finesse !

La bêtise de ces garçons ne s'arrête pas là, ils blêmissent à l'idée de prendre un peu de ventre, se tuent sous les douches, soignent leur peau qu'ils adorent, l'assouplissent, la maintiennent par l'eau d'Arquebusade, s'épuisent à chercher des onguents et des cosmétiques, gardent le lit pour un bouton sur le nez, dorlotent, comme on dorloterait des enfants, les muscles de leurs bras, de leurs jambes, les mesurent pour savoir s'ils perdent ou s'ils profitent, se font une tête, mentent comme des danseuses, soignent « leurs dessous » comme des cocottes, ont dans leurs armoires des centaines de paires de chaussettes, teintes d'autant de nuances que M. Chevreul en a doté la palette des Gobelins, ne quittent pas leurs gants pour ne pas perdre la forme de leurs mains, sans oublier le chapitre des cravates, des cannes et des parapluies, du linge, des bijoux, etc. N'était la gaîté du dialogue de M. H. Lavedan, le pittoresque de sa mise en scène, on serait pris de colère, ou tout au moins d'impatience, contre ces jeunes et vieux sots qu'a faits notre civilisation vraiment trop raffinée. On s'explique assez bien, en considérant ce singulier monde, l'horreur que professent pour le mariage ces hommes-femmes et ces femmes-hommes qui ne doivent guère être tentants les uns pour les autres.

Ce ne sont là évidemment que des défauts que ces hommes empruntent à l'autre sexe, mais combien on préférerait les voir pratiquer des vices qui seraient du leur ! Sans doute, l'auteur exagère un peu, mais à coup sûr il n'invente pas, et je regarde comme sténographié, ou à peu près, ce passage emprunté au chapitre des « Dessous » :

Truffieux. — Est-ce toujours Honorat qui te fournit ta lingerie et tes soies?

Cheminée. — Toujours.

Plaintel. — Moi aussi.

Truffieux. — Moi aussi.

Cheminée. — Il n'y a que lui. Si cette maison-là disparaissait, je ne sais pas ce que nous deviendrions. Nous n'aurions plus qu'à nous jeter dans la Seine.

Plaintel. — Le fait est que pour les caleçons et les gilets de peau, Honorat est simplement extraordinaire.

Cheminée. — A ce point-là c'est de l'art, mettez-vous le bien dans l'idée.

Truffieux. — Tiens!

Cheminée. — C'est même plus que ça, c'est un peu de contentement au cours de la vie. Moi, si je n'avais pas à même moi, à même ma peau, quelque chose d'amoureux comme tissu qui me satisfasse complètement, sans arrière-pensée aucune, eh bien! je serais très malheureux Le dessous, c'est le principal: pour moi, ça passe avant tout le reste. Je le dis comme je le pense; je préférerais avoir un vêtement mauvais, une redingote cochonnée plutôt qu'un caleçon faible ou banal.

Truffieux. — Je comprends ça.

Cheminée. — Et ne vous imaginez pas que ce soit pour le plaisir de me faire admirer aux heures d'épanchement? Non, j'aime les beaux dessous en égoïste, pour moi tout seul.

Plaintel. — Tout ce qu'on aime, c'est généralement comme ça.

Cheminée. — Rien ne me fait plus de plaisir, quand je m'habille ou que je me déshabille dans mon cabinet de toilette, que de m'apercevoir dans les glaces avec de jolies choses qui me collent. Ça me flatte, quoi! ça me développe, je me sens meilleur.

Heureusement que le service militaire est là pour tempérer ce culte, cette idolâtrie, et que la discipline a bientôt fait de rappeler à ces garçons, dont le dévouement à leur propre personne dépasse toutes les bornes, que l'homme, s'il s'appartient à lui-même, appartient aussi un peu à la société.

Ajoutons que, comme ils sont généralement bien nés, la transformation qu'ils ont à subir n'est ni aussi difficile, ni aussi cruelle qu'on pourrait le croire.

X

GUSTAVE TOUDOUZE

Tendresse de Mère

De même que les amoureux ne peuvent pas dire trois mots sans parler de l'objet aimé, M. Gustave Toudouze, qui adore l'Océan et la Bretagne, ne peut guère écrire de roman sans que l'un et l'autre y viennent prendre place. C'est le cas dans : *Tendresse de mère*, le dernier ouvrage qu'il vient de publier. Ajoutons que l'action du roman est indépendante de ces éléments de pittoresque, et que c'est l'étude d'un cœur qui a tenté cette fois l'auteur de *Madame Lambelle*.

Le récit de M. Toudouze se résume à ceci : la veuve d'un marin mort dans une tempête a pris une juste horreur de la mer et ne veut même pas en prononcer le nom devant son jeune enfant, craignant qu'à l'âge d'homme il s'éprenne aussi de cette avide séductrice ! Aussi sa terreur est-elle grande quand un médecin lui annonce que l'air des grèves de Bretagne est indispensable à la vie de son enfant. On devine ses efforts pour l'empêcher de voir seulement le monstre qui lui a ravi son mari. Mais, comme l'a dit un vieux marin : « C'est dans le sang! » et l'enfant veut absolument, la nuit, à l'arrivée, entendre mugir l'océan :

> Ils allèrent dans l'ombre, contournant des maisons que l'on ne distinguait presque qu'au toucher, suivant une rue, les pas trébuchant sur les cailloux.
> Tout à coup, un dernier angle de mur dépassé, une sensation d'immensité, de vide, les enveloppa, un grand souffle s'abattit sur eux, leur balayant le visage, leur pénétrant la bouche, les yeux, les narines d'une senteur âcre et fraîche, qui semblait infinie ; en même temps un grondement sourd, régulier, roulait quelque part devant eux, encore à une certaine distance....
> Il faisait une nuit absolument noire, sans lune, sans étoiles, sans rien pour éclairer, et de ce mur d'encre sortait une respiration rauque, monstrueuse, terminée en râle de souffrance, dans cette pesante immobilité des ténèbres, une mobilité énorme, continue, quelque chose aussi qui berçait, séduisait, quelque chose aussi qui épouvantait. De temps en temps, une colère s'élevait, grossissait, s'enflait pour venir s'abattre en un plouf terrible sur le sable ; avec une sensation d'écrasement géant, un choc formidable et mou, d'où jaillissait une poussière de pluie salée passant sur le visage, sur les lèvres, sur les mains.
> — La mer! c'est cela la mer!... On ne la voit pas, la mer!...
> Il parlait d'une voix basse, concentrée, religieuse, une voix de temple ou d'église.

Il ne voyait rien, il ne comprenait pas ce qu'il y avait là, en face de lui, cette chose invisible, immense, infinie, sans forme et sans couleur ; mais il se sentit pris et conquis par cette menace et cet attrait.

C'était la Force, c'était le Mystère ! c'était l'Inconnu : une respiration de bête des temps préhistoriques, l'effrayante respiration de l'Abîme, avec toute la terreur qui s'en dégage, qui en sourd peu à peu pour envelopper, saisir, dominer !

L'Océan, tombeau ignoré de son père, l'Océan venait de le conquérir !

Là n'est pas le roman que je ne veux point déflorer par une analyse qui ne saurait qu'en amoindrir le réel intérêt, d'autant que c'est surtout par le détail, par la délicatesse du sentiment que vit *Tendresse de mère*, dont le titre dit assez le sujet. J'ai voulu seulement montrer un de ces petits coins de tableau que M. Gustave Toudouze excelle à peindre.

XI

G. RODENBACH

Le voyage dans les yeux

M. Georges Rodenbach, le délicat et subtil poëte, vient de nous donner un poëme ou plutôt un recueil de pièces détachées, réunies sous ce titre séduisant : *Le voyage dans les yeux.* Comme je l'ai déjà dit, M. Rodenbach n'est pas un poète qui laisse sans examen couler les vers de sa plume, au gré de la facilité dont la nature l'a doué. Tourmenté par le désir de la perfection, considérant chaque vers, chaque mot, comme un microcosme, il y veut faire tenir sinon tout, du moins le plus grand nombre d'évocations, d'images ; de là ses précieuses qualités, de là aussi ses grands défauts. Désireux d'exprimer plusieurs idées, plusieurs sensations par un seul mot, il leur retire de leur netteté ; on voit mal deux images en même temps. L'esprit éprouve alors une sensation analogue à celle que reçoit l'oreille forcée à subir une suite de dissonnance ; celle-ci croit toujours à la venue de la note définitive et, fatiguée d'attendre, arrive, de déception en déception, à ne plus comprendre ; la résolution finit toujours par se produire, mais elle arrive comme Grouchy à Waterloo, beaucoup trop tard ; l'oreille n'écoute plus, l'attention a cédé à la fatigue, à l'impatience de l'attente.

Le reproche que j'adresse au procédé de M. Rodenbach a pour raison l'empêchement qu'il apporte à l'intelligence de ses idées. On croit comprendre un mot tel qu'il est écrit ? point, l'auteur l'a pris dans un autre acception ; sa pensée apparaît troublée, l'esprit cherche aussitôt une autre voie, espérant la voir se détacher plus clairement ; il s'engage dans un nouveau chemin, ce n'est pas encore le bon ; alors il commence, d'interprétations en interprétations, de transpositions en transpositions, à voyager au hasard, il se fatigue, il piétine sans avancer. Il est vrai qu'à ces stations il a vu et entr'aperçu bien des choses séduisantes qui, elles aussi, ont le tort de ne se montrer qu'à demi. Telle est la muse de M. Rodenbach, pleine de coquetteries, de miroitements, de sourires engageants, de promesses inaccomplies, maîtresse qu'on espère toujours, qu'on ne possède jamais complètement, et qu'on finit par trahir pour quelque bonne et belle fille, moins raffinée, moins délicate, mais qui se montre franchement et facilement dans la beauté que la nature lui a donnée.

Non pas que les choses entrevues seulement n'aient aussi leur charme, comme le vague a ses séductions ; mais les réelles beautés savent sortir aussi bien victorieuses du mystère de la pénombre que de l'éclat de la lumière, et la Vénus de Milo, par exemple, est aussi merveilleuse par la netteté de ses contours, sous le choc d'un rayon de soleil, que sous les ombres enveloppantes du crépuscule.

Mais plus que personne je hais la dissertation littéraire, « le parlage » des critiques ; sachant par expérience en quel dédain on tient justement les raisonnements qui ne sont pas accompagnés de pièces à l'appui, je citerai deux pièces de l'intéressant recueil de M. Rodenbach, qui contiennent, selon moi, tout le charme ingénieux de son inspiration et de son habileté, en même temps que la tendance que j'ai signalée en commençant cet examen du *Voyage dans les yeux* :

Les yeux sont des bassins d'eau changeante qui dort,
Où, parmi des frissons de moires remuées,
Appareille une flotte éparse de nuées,
Voiles blanches qui vont vers un horizon d'or ;
Mais parfois certains grands nuages couleur d'encre
S'immobilisent comme en quarantaine au fond
De tels beaux yeux de qui l'étiage est profond
Et qui portent en eux ces nuages à l'ancre.

Pourquoi les yeux, étant limpides, mentent-ils?
Comment la vérité, dans leur indifférence,
Meurt-elle en délayant ses frissons volatils?
Nul n'en a vu le fond malgré leur transparence,
Et ce n'est que cristal fluide à l'infini,
Qui toujours se tient coi, l'air sincère et candide:
Aucune passion, aucun crime ne ride
Ce pouvoir dangereux d'être un étang uni.
Ah! savoir!... s'y peut-on fier, sources de joie,
Quand ils ont l'air d'un peu promettre de l'amour,
Ou ne sont-ils qu'un clair mirage où l'on se noie?
Ah! savoir!... démêler l'ombre d'avec le jour,
Et connaître à la fin ce qu'il peuvent enclore
Derrière leur surface et derrière leur flore,
Sous leur nénuphars blancs — frileuse puberté —
Plus au fond, tout au fond de leur ambiguïté.
En vain veut-on trier le réel du mensonge;
Les yeux, nus comme l'eau, resteront clairs aussi,
Bien que l'âme souvent où, pour savoir, on plonge,
Soit une vase au fond de leur cristal transi;
Mystère de cette eau des yeux toujours placide
En qui l'âme dépose et si peu s'élucide.

Et puis, comme le critique n'est qu'un homme et que la nature a fait l'homme variable, j'avouerai, en relisant ces poésies, que je me range un peu au sentiment de ce président du tribunal correctionnel qui, ayant fait comparaître devant lui et réprimandé des jeunes filles de conduite vraiment répréhensible, disait, en déposant sa robe et sa toque au vestiaire : — « Elles ne sont véritablement pas trop mal, ces drôlesses ! »

XII

STENDHAL

Souvenirs d'Egotisme

Souvenirs d'Egotisme, autobiographie et lettres inédites de Stendhal, publiés par M. Casimir Stryienski, tel est le titre d'un livre qui est bien fait pour exciter la curiosité des admirateurs de l'auteur de *la Chartreuse de Parme.*

Il est fort intéressant de connaître, non seulement par les *Souvenirs d'égotisme,* mais par la correspondance d'Henri Beyle, ce monde de la Restauration qu'il nous montre par de petites échappées, presque des entrebaillements de porte. Car la marque du caractère de Stendhal est l'amour du mystérieux ; il ne veut dire qu'à demi, il adore les initiales, se complaît dans l'énigmatique, la réserve diplomatique sur les plus petites choses, et dessine volontiers une croix, pour ne pas avoir à la désigner d'un mot. Le cancan est son élément, il le cherche partout, l'extrait d'une conversation, l'emporte comme un butin, l'entasse sans ordre, semblant ne se soucier que de réunir un tohu-bohu de matériaux, pour une histoire qui ne sera jamais écrite. Dans ces curieuses pages je trouve ce croquis léger et certainement ressemblant de Lafayette :

M. de Lafayette, dans cet âge tendre de soixante-quinze ans, a le même défaut que moi : il se passionne pour une jeune Portugaise de dix-huit ans qui arrive dans le salon de Mme de Tracy, où elle est l'aînée de ses petite-filles, Mlles Georges Lafayette, de Lasteyrie, de Maubourg ; il se figure qu'elle le distingue, il ne songe qu'à elle, et ce qu'il y a de plaisant, c'est que souvent il a raison de se figurer. Sa gloire européenne, l'élégance foncière de ses discours, malgré leur apparente simplicité, ses yeux qui s'animent dès qu'ils se trouvent à un pied d'une jolie poitrine, tout concourt à lui faire passer gaîment ses dernières années, au grand scandale des femmes de trente-cinq ans, Mme la marquise de M...n..r (C...s..l), Mme de P.rr.t et autres qui viennent dans ce salon.

Tout cela ne conçoit pas que l'on soit aimable autrement qu'avec les petits mots fins de M. de Segur ou les réflexions scintillantes de M. Benjamin Constant.

M. de Lafayette est extrêmement poli et même affectueux pour tout le monde, mais *poli comme un roi*. C'est ce que je disais à Mme de Tracy, qui se fâcha autant que la grâce incarnée peut se fâcher, mais elle comprit peut-être, dès ce jour, que la simplicité énergique de mes discours n'était pas la bêtise de Dunoyer, par exemple. C'était un brave libéral, aujourd'hui préfet moral de

Moulins; le mieux intentionné, le plus héroïque peut-être et le plus bête des écrivains libéraux. Qu'on m'en croie, moi qui suis de leur parti, c'est beaucoup dire. L'admiration gobe-mouche de M. Dunoyer, du rédacteur, du censeur et celle de deux ou trois autres de même force environnait sans cesse le fauteuil du général qui, dès qu'il le pouvait, à leur grand scandale, les plantait là pour aller admirer de fort près, et avec des yeux qui s'enflammaient, les jolies épaules de quelque jeune femme qui venait d'entrer. Ces pauvres hommes *vertueux* (tous vendus depuis comme des..... au ministre Périer, 1832) faisaient des mines plaisantes dans leur abandon et je m'en moquais, ce qui scandalisait ma nouvelle amie. Mais il était convenu qu'elle avait un faible pour moi.

« Il y a une *étincelle en lui* », dit-elle un jour à une dame, de celles faites pour admirer les petits mots lilliputiens à la Ségur, et qui se plaignait à elle de la simplicité sévère et franche avec laquelle je lui disais que tous ces ultra-libéraux étaient bien respectables par leur haute vertu sans doute, mais du reste incapables de comprendre que deux et deux font quatre. . . . .
. . . .

Au milieu de tout cela, M. de Lafayette était et est encore un *chef de parti*.

Il aura pris cette habitude en 1789.

Évidemment, il n'y a pas là de grandes révélations historiques, mais ce sont des traits qui viennent compléter la ressemblance d'un portrait. Les grands faits sont bien souvent mieux expliqués par ces mémoires intimes que par les gros livres d'histoire qui, selon l'auteur du *Génie du Christianisme*, ne sont que l'endroit des événements et n'en montrent pas l'envers. Dans ce livre comme dans *l'Amour*, Stendhal aborde un scabreux cas physiologique qu'il juge psychologique et qui valut à Henri IV le surnom de capitaine Bon-Vouloir, comme à Condé le fameux compliment de Ninon qui, le voyant fort velu et se rappelant le proverbe latin, lui dit, en éclatant de rire : « Il faut que vous soyez bien courageux ! » Je n'insiste pas.

XIII

EDOUARD ROD

La vie privée de Michel Tessier

La vie privée de Michel Tessier, que M. Edouard Rod vient de faire paraître chez Perrin, est sans contredit un des meilleurs romans qu'il ait écrits. Son héros, un premier rôle de la politique moderne, courait grand risque de ressembler à ceux que MM. Alphonse Daudet et J. Claretie nous ont montrés dans ces bonnes études qui s'appellent : *Numa Roumestan* et *Monsieur le ministre* ; il n'en est rien, et *Michel Tessier*, pris par un amour, non de tempérament, mais de passion, abandonne tout, gloire, fortune, femme et enfants, pour suivre un élan de son cœur ; rien ne saurait l'arrêter dans cette poursuite d'un bonheur chimérique et, comme l'homme qui a failli tenir le pouvoir suprême entre ses mains et qui s'est tué sur un tombeau de femme, il mourrait plutôt que de renoncer à celle qui a pris son cœur et sa raison.

Le drame intime raconté par M. Edouard Rod est d'un grand intérêt, d'une réelle émotion ; voyant que rien ne peut vaincre la passion de son mari, la femme de Michel Tessier, malgré l'amour qu'elle ressent encore pour lui, lui conseille le divorce, ce divorce contre lequel il vient de s'élever si éloquemment à la tribune. Les scènes de séparation et d'adieu sont écrites avec talent ; tout est dit par la femme outragée, dans un langage contenu, plein de courage et de dignité dans le remarquable passage où elle rend à son mari cette liberté qu'il réclame et qui, juste châtiment, devra tant lui peser un jour.

Je ne puis entrer dans le détail de ce livre émouvant, mais je signalerai, entre autres, le dernier chapitre où les nouveaux mariés, la jeune fille et le divorcé, partent ensemble pour leur triste voyage de noces ; enfermés dans un compartiment de wagon, ils entendent deux braves bourgeois qui, le journal en mains, discutent de la valeur morale de ce Michel Tessier, qui a tout oublié, devoirs d'homme et de citoyen, pour ce qu'ils appellent : une amourette. Le mépris gouailleur de ces inconnus lui souligne son effondrement ; ceux-ci descendent à une station et le couple reste seul, méditant des paroles banales qui sont pourtant l'opinion du monde :

Et, seuls dans ce train qui les emporte vers le brumeux inconnu de la vie qu'ils ont voulue, ils sentent autour d'eux, dans leur air, comme des miasmes qui les menacent, le mensonge éternel, la peur d'eux-mêmes, les souvenirs que nul oubli ne chassera jamais et qui empoisonneront toutes leurs joies.

L'avenir est à eux maintenant, mais quel avenir!

Ce livre est, je le répète, un des meilleurs romans de l'auteur; c'est à la fois une étude du monde, de la politique et du foyer de la famille tel que la loi peut le faire aujourd'hui.

XIV

MARCEL PRÉVOST

L'automne d'une Femme

Tous les grands mouvements de l'âme humaine ayant été enregistrés par les psychologues, les philosophes, les romanciers et les poëtes des temps passés, force est à ceux du temps présent de se rabattre sur les détails, et de continuer avec le microscope des observations commencées avec les yeux. Je voudrais bien ne pas jeter, selon la coutume, *Manon Lescaut* à la tête de nos romanciers, mais je me demande, en voyant la profusion des détails devenus presque indispensables aujourd'hui, ce que deviendraient ses deux volumes entre les mains de nos contemporains. L'auteur de *Manon Lescaut* est venu au monde des lettres dans un temps où, heureusement pour lui, le lecteur n'exigeait pas tant de documents ; nous ignorons la couleur des cheveux de Manon, l'état de la dentition de Des

Grieux, et tous deux sont cependant immortels.

Mais autre temps, autre littérature, et celle du présent a bien aussi sa valeur ; *l'Automne d'une Femme,* que M. Marcel Prévost vient de publier chez Lemerre, plaidera plus éloquemment que moi cette cause. M. Marcel Prévost relève de l'école de M. Paul Bourget, mais il n'est point l'imitateur du maître ; sa personnalité s'est révélée déjà, et la clarté de ses récits, l'air qui circule dans ses romans, le sentiment de la proportion d'intérêt des faits, de leur perspective, leur donne une légèreté qui manque à bien des œuvres en renom, où l'enchevêtrement des observations forme un tout si compact que l'esprit renonce souvent à tenter d'y pénétrer. S'il rappelait M. Paul Bourget, ce serait plus par les mots que par les pensées, cherchant, par exemple, souvent, comme lui, la description d'un de ses personnages dans ses souvenirs des maîtres peintres d'Italie.

Une des qualités maîtresses de M. Marcel Prévost est l'esprit de la mise en scène ; ce qui est une difficulté pour tous, devient pour lui prétexte à une scène exquise et pittoresque. C'est un chef-d'œuvre de délicatesse et d'habileté que l'entrée en matière de l'*Automne d'une Femme*; tout serait à citer dans ce chapitre où il nous montre son héroïne agenouillée dans la chapelle de la rue de Turin, et se préparant à avouer à son confesseur qu'elle, femme du monde, femme mariée, est sur le point de succomber. Chacun, j'en suis certain, ressentira un grand plaisir à lire cette scène pleine d'élans, de réticences, de demi-aveux de la part de la pénitente, d'habileté, de bonté, de sagesse et d'esprit de la part du confesseur.

Je ne cite que par fragments. Mme Julie Surgère, l'héroïne, s'est agenouillée dans l'ombre de la chapelle :

> La pluie avait dissous les dernières pâleurs du jour ; le fond de la chapelle plongeait dans l'ombre. Une converse sortit de la sacristie ; elle tenait dans sa main une hampe à feu : d'un pas de velours, elle glissa de pilier en pilier, allumant furtivement le gaz des lampes. La dernière allumée, juste au-dessus de cette femme qui priait, la surprit, lui fit brusquement lever la tête. Son regard rencontra les yeux de la converse ; elles échangèrent un sourire discret de connaissance. Du même pas velouté, la sœur s'éloignait, gagnait les marches du chœur ; l'autre essaya de prier encore, mais la clarté subite avait chassé le recueillement avec l'obscurité : vainement la pénitente voulut renouer le fil rompu de sa prière ; elle y renonça et demeura quelque temps à réfléchir, les yeux vagues, la figure bien éclairée par le globe dépoli du pilier voisin.
>
> . . . .
>
> La converse, ayant allumé tous les globes de la chapelle s'agenouilla devant l'autel et y pria quelque temps dans une humble attitude. Puis elle salua le tabernacle et regagna la sacristie. Le bruit de la porte refermée s'exagéra dans le silence de la chapelle : il réveilla la péni-

tente de son hypnose. Elle se leva, rajusta son manteau, et se dirigea à son tour vers la sacristie. C'était une pièce lambrissée de bois clair qui ressemblait à une lingerie ; la converse s'y trouvait encore occupée à examiner des rochets d'enfants de chœur ; elle lui sourit d'un sourire de bienvenue plus franc que tout à l'heure, qu'autorisait la moindre sainteté du lieu ; car, pour les religieuses, il est une hiérarchie, même de sourires.

Quelques traits du portrait de la pénitente :

Elle était la beauté féminine achevée, que les années échues ont constamment perfectionnée, remplaçant par une affirmation du type ce qui disparaissait en charme indécis de jeunesse, en grâce de bouton.

Mais c'est surtout la scène de la confession qui est exquise.

— Je voudrais justement, monsieur l'abbé, vous parler à ce sujet.

La phrase était vague ; l'abbé la comprit.

— Est-ce que vous désirez que je vous entende au saint tribunal ?

— Oh ! non. Je veux seulement vous consulter, vous demander conseil... Je suis très troublée en ce moment.

L'abbé vit que des larmes lui remontaient aux yeux. Il lui prit la main.

— Voyons, ma chère fille, ayez confiance... Parlez-moi... C'est le confesseur qui vous écoute.

Et comme pour remplacer le décor absent du confessionnal, de l'église silencieuse et sombre, de la grille qui sépare les visages, il éloigna la lampe, modéra la flamme, appuyant un mouchoir sur sa tempe, cachant ses yeux.

— Je vous écoute.

Elle parla, entrant dans son aveu par les voies les plus lointaines, comme font toutes les femmes, s'attardant aux menues circonstances, glissant sur les faits... « Vous savez, *mon père*, ma situation vis-à-vis de mon mari J'ai bien souffert autrefois à cause de lui, puis j'ai pris mon parti de la séparation effective... Sa maladie l'a rendue toute naturelle. Nous vivions tranquillement l'un près de l'autre, et la présence de M. Esquier, notre ami à tous deux, amortit les chocs. Ce n'est pas assurément le rêve du mariage qu'une jeune fille se forme... mais c'est supportable... »

Le prêtre doucement l'empêcha de s'égarer:

— Oui, ma chère fille, je sais tout cela. Eh bien, y a-t-il quelque chose de nouveau dans votre intérieur? Est-ce que M. Surgère a changé d'attitude vis-à-vis de vous? Est-ce que...?

Il avait soupçonné un instant l'aveu effaré d'un de ces retour offensifs qu'ont parfois les maris vers leur femme longtemps délaissée: retours plus redoutés de celles-ci que l'abandon et contre lesquels elles recourent tout d'abord à leurs alliés naturels, le prêtre et le médecin.

Mme Surgère le comprit.

— Oh! non... fit-elle. Grâce à Dieu, non!...

Elle chercha à reprendre ses confidences, puis, ne trouvant plus, elle se résolut brusquement et, rejetant sa figure dans ses mains:

— C'est, dit-elle... c'est Maurice Artoy, le jeune homme dont je vous ai parlé... le fils de l'ancien associé de mon mari, qui habite le pavillon maintenant...

Le prêtre pensa:

« J'avais raison d'abord, décidément. »

Et pour aider l'aveu, il dit tout haut, avec des pauses, avec cette recherche d'expression où les prêtres excellent:

— Ce jeune homme, sans doute, vivant près de vous, a été frappé par votre extérieur... sympathique, par votre douceur de caractère, ma chère enfant?... Il vous a entourée, poursuivie de ses attentions.

Elle le laissa parler, acquiesçant par son silence. Ses larmes séchaient au bord des paupières.

— Sans doute, continua l'abbé, de cette voix blanche qui démonétise les mots, les émousse, les annule presque, c'est un jeune homme sans principes religieux, que la pensée de l'adultère (il pesa avec intention sur ce mot) ne ferait pas hésiter ?

— Elle l'interrompit vivement:

— Oh! non, mon père! ne dites pas cela... Je vous assure que le pauvre enfant n'est pas coupable!... ou du moins je le suis autant que lui...

Force m'est de m'arrêter, et de résumer en trois mots ce roman écrit avec une conscience et une habileté de maître. La malheureuse femme succombe et prend pour amant un homme beaucoup plus jeune qu'elle, un de nos mondains assez antipathiques, ne vivant que pour eux-mêmes, très préoccupés de leur « moi », s'étudiant dans leurs passions, s'interviewant pour ainsi dire à propos de tous leurs actes. Au bout de trois ans de cette liaison, n'aimant plus sa maîtresse, ce garçon épouse une jeune fille qui l'adore aussi inconsidérément qu'a fait Mme Surgère. Tout le roman, tout le drame est dans le développement de cette passion et la description des souffrances de cette femme qui voit son amant se détacher d'elle heure par heure. L'étude en est complète et le personnage reste sympathique en dépit de sa chute. C'est là que se trouvent des pages vraiment éloquentes, rien que par l'énoncé des faits; c'est là qu'est la moralité de ce bon livre écrit par un homme assez jeune pour aimer les femmes, assez clairvoyant pour les connaitre, les étudier et les absoudre.

XV

W. RITTER

Ames blanches

M. William Ritter, en écrivant : *Ames blanches*, a fait une œuvre qui appartient à cette nouvelle école aussi musicale que littéraire, vivant du souffle de Wagner, ramenant toute l'humanité à l'œuvre du grand musicien, et ne la voyant que perdue dans des rêveries infinies et revenue à des temps de mysticisme et d'extases religieuses. Quoi qu'on fasse, la foi n'est pas, je crois, dans ces œuvres, et le mysticisme spécial qui s'est manifesté jusque dans les pantomimes et les opérettes ne témoigne, hélas! que d'une recherche artistique. Le temps des grandes croyances est parti, ce qui est fort regrettable, mais si elles reviennent, ce ne sont pas les vers, ni la prose, ni la musique qui les ramèneront. C'est toujours en vain que l'on veut infliger à une époque les mœurs ou les coutumes d'une autre ;

chacune d'elles a sa marque indélébile en philosophie comme en art, et le rappel aux mœurs antiques tenté par les législateurs de notre première République, paraît aussi ridicule aujourd'hui que les objets de style Renaissance confectionnés sous Louis-Philippe.

Les égarements du matérialisme ont singulièrement, autant qu'involontairement, aidé ces tentatives de spiritualisme exagérées, et nous ont valu des héros de romans tout à fait étranges, des amoureux qui renient, ou à peu près, la femme, de pauvrets homuncules, des sortes d'embryons atteints de nervosités maladives, des intersexués, des garçons qui sont des filles, et des filles qui sont des garçons. L'œuvre de Wagner, mal comprise, ses goûts, ses habitudes interprétées de travers, ont encouragé ces bizarreries auxquelles nous devons quelque peu de désarroi dans une partie de notre littérature.

J'avoue, pour ma part, que l'amitié des deux garçons qui sont les héros du livre de M. William Ritter a quelque chose de gênant, bien que l'auteur ait eu la précaution de mettre dans leur cœur un amour de femme ; les soins de maîtresse, de mère, que l'un donne à l'autre, s'occupant de sa table, de son lavabo, étonnent quelque peu, et quand l'un embrasse l'autre sur la bouche « d'un vierge baiser, d'un saint baiser, « d'un baiser blanc... analogue au seul baiser de

« Koundry à Parsifal », je ne comprends guère cette amitié-là. Montaigne et La Boétie procédaient autrement et, pour mon goût, je les aime mieux. Il est vrai que l'un des héros d'*Ames blanches* est malade, mourant, mais le spectacle de cette tendresse n'en choque pas moins et laisse l'impression d'une chose malsaine. On me dira bien qu'au fond ces gaillards-là ne sont que des symboles ; dans ce cas, ils ont encore trop de chair et je demande qu'on les réduise à l'état de purs esprits.

Ces reproches faits aux tendances du livre de M. William Ritter, sous-titré « Rêves vécus et Vies rêvées », je dois constater une grande dextérité de main, une rare force descriptive dans l'ensemble de l'œuvre. Je signalerai surtout le récit d'une symphonie, dominée par le chant d'un violon, qui est le triomphe du genre ; on croirait entendre tous les déchaînements de l'orchestre, tous les timbres des instruments, tous les raffinements d'une belle orchestration ; c'est par là que vaut (pour moi s'entend) ce livre qui, malgré les défauts que je lui trouve, contient de réelles qualités d'écrivain.

XVI

ABEL HERMANT

Confidence d'une Aïeule

C'est dans la forme des mémoires que M. Abel Hermant vient d'écrire sous le titre de : *Confidences d'une Aïeule*, un livre qui pourrait être aussi bien de l'histoire qu'un roman. Qu'on se figure tous les détails, les documents de l'un des livres des Goncourt sur la Révolution, mis en action, agrémentés des pastiches très réussis du parlage, de la sentimentalité et de la brutalité révolutionnaire et impériale, et l'on aura idée de cette œuvre de reconstitution aussi amusante qu'intéressante. Il ne s'en faudrait pas de beaucoup, si l'auteur l'avait voulu, pour que ces récits prissent place comme mémoires authentiques dans la collection qui en abonde présentement; il est telles pages qu'on jurerait écrites par une gaillarde du temps passé.

Car l'héroïne de M. Abel Hermant est véritable-

ment gaillarde, et ses *Confidences d'une Aïeule*
pourraient être celles de quarante grand'mères
qui se seraient livrées au dévergondage le plus
échevelé ; les anecdotes croustillantes y abondent
comme dans les *Liaisons dangereuses*, comme
dans Rétif de la Bretonne, et un indiscret aurait
le droit de demander comment la brave dame
pouvait trouver le temps d'écrire, occupée
qu'elle était à constamment agir... et de quelle
façon ! Car son cœur fut sensible de bonne heure,
et depuis le jour où elle eut quinze ans jusqu'à
celui qui la fit octogénaire, elle ne fut occupée
que d'une chose, satisfaire sinon apaiser ses appétits sexuels, et avec quelle activité ? Elle se
marie quatre fois, trompe tous ses maris; court
après les tout jeunes garçons, même étant jeune
fille, ce qui est plutôt le fait de l'âge plus mûr,
sert à sa façon dans les armées de la République,
habillée en homme, prend pension dans une maison de filles du Palais-Royal pour sauver sa tête
n'ayant plus rien autre à perdre, fête là prise de
la Bastille en se livrant à un vainqueur, s'éprend
d'un jouvenceau à Coblentz, raconte tout cela
avec le sans-façon de la princesse palatine et,
un beau jour, se trouve mariée avec un maréchal
de France qu'elle ne connaît pas, par l'Empereur
de qui elle est devenue amoureuse.

C'est, entre bien d'autres, un chapitre charmant de couleur et de vérité que celui des préparatifs du mariage et de la noce du maréchal, un rude guerrier qui comprend l'amour et ses manifestations plus rapidement encore que sa violente épouse. La célébration à Notre-Dame, le départ précipité du maréchal qui, à la fin de la solennité, persécuté par la nature, ne prend pas la peine, comme la Manon de l'abbé Prévost, de « prétexter un besoin », et s'écrie entraînant à sa suite la maréchale retenue par deux pages qui portent la queue de son manteau : « ... Mais où diable pourrais-je donc... ? », la nuit de noces enfin où la mariée qui, pour changer, résistait, tombe giflée et se relève en s'écriant : — « Je t'aime ! » tout cela est d'un mouvement endiablé qui force l'attention et appelle souvent le rire.

Les « Censeurs sévères » qui affirment que rien n'est beau hors l'ennuyeux, garderont peut-être rancune à l'auteur de *la Confidence d'une aïeule* de ce mouvement de jeunesse, de cette gaité qu'ils affirment chose de mauvais goût; je ne suis pas de leur avis et je tiens pour certain que tout livre d'imagination qui n'émeut pas par son charme, ses tendances gaies ou dramatiques, n'est point un livre.

M. Abel Hermant s'est efforcé de faire tenir dans cet ouvrage une sorte d'étude de toutes les mœurs de ces temps étranges où le sang qui coulait sur les champs de bataille ou sous la guillotine semblait plutôt exciter l'amour sensuel que l'éteindre ; l'amour passionnel n'était pas mort, mais n'avait guère les loisirs nécessaires pour se développer. On était pressé de tout, de vivre, de jouir et même de mourir. C'est une petite portion de ce temps de hâte fiévreuse que M. Abel Hermant a enfermée dans son livre amusant comme un roman, intéressant comme un livre d'histoire, d'histoire licencieuse, il est vrai, mais à laquelle on pardonne, parce qu'elle est « de l'époque », comme disent les amateurs d'objets du passé.

XVII

DE CATERS

Revanche d'Amour

L'idée de : *Revanche d'amour*, le dernier roman de M. de Caters, n'est certes pas une idée banale. Une jeune fille, douée d'assez mauvais instincts qu'une éducation négligée n'a fait qu'aggraver, devient la maîtresse du mari de son amie. Cette dernière, une âme pure qui ignore tout, n'a d'autre rêve que de marier la coupable à son frère; les incidents du roman permettent la réalisation de ce projet. Le mariage vient d'être conclu, signé à la mairie. Mais l'amant n'a pas renoncé à ses droits, très fréquemment exercés d'ailleurs, et à peine le : « oui » a-t-il été dit par l'infidèle qu'il vient les réclamer. Le flagrant délit est constaté par le nouveau marié. La femme disparaîtra, se livrera à la vie pour laquelle elle est faite, et lui laissera quelques mois après le mariage, juste à temps pour être née dans les délais légaux, une petite fille pour tout souvenir.

L'époux outragé va cacher sa douleur et ses déceptions en province. De sa femme il n'entend plus parler. Mais les années ont passé, l'enfant qu'il a fait élever au loin a grandi, est devenue une jeune fille de dix-huit ans, belle et désirable autant de corps que d'âme. L'entrevue du père et de la fille est très significative ; si le père éprouve un mouvement de tendresse pour cette créature dont l'enfance s'est passée loin de ses yeux, celle-ci ressent un bien autre sentiment. Dans la nouvelle vie qui lui est faite, elle apprécie tout ce que le cœur de l'homme qu'elle appelle son père, renferme de bonté et d'honneur. Bref, elle l'aime, et ce n'est pas d'amour filial, loin de là.

Les choses en sont à ce point quand apparaît la mère qui, sentant sa vie finie, veut la lier à celle de sa fille. Elle la somme de la suivre ; celle-ci s'y refuse, la pousse à bout en lui déclarant qu'elle veut rester avec son père, l'irrite à ce point que celle-ci, croyant briser tout obstacle, lui crie : — « Ton père ! ton père ! mais cet « homme ne t'est rien, rien ! Je n'ai jamais été « sa femme que devant la loi. » Le dénouement ne se fait pas attendre : la jeune fille tombe dans les bras de celui qui était son père tout à l'heure et dont elle va faire son mari... devant Dieu ! Ceux qui se font devant les hommes sont quelquefois si peu heureux, témoin celui de son père, que la jeune fille trouve que celui-là les vaut bien.

Tel est, en résumé, ce roman hardi qui ne froisse pas tant la véritable morale qu'il en a l'air. La thèse était difficile à défendre, mais M. de Caters l'a fait avec tout le tact possible, et l'on ne trouvera pas dans le livre la brutalité à laquelle pourrait faire croire ce court résumé.

XVIII

J. RICARD

Cristal fêlé

Cristal fêlé, s'intitule le dernier roman de M. J. Ricard ; j'aimerais mieux : « Cerveau fêlé », car l'héroïne du livre n'est autre chose qu'une déséquilibrée, hébétée par le chic mondain, les niaiseries de la haute vie, et plus digne de pitié que d'amour. Fille d'un père qui a tué l'amant de sa femme, élevée sans aucune notion de la morale la plus élémentaire, trop dénuée de bon sens pour la deviner, la pauvre Claude ne sait ni ce qu'elle veut, ni où elle va, flottant dans la vie comme dans l'air un brin de duvet qui va à droite, à gauche, monte ou descend, attiré, repoussé par la porte qu'on ouvre ou la fenêtre qu'on ferme.

Sa vie de jeune fille se passe à faire de l'escrime, à regretter d'avoir laissé se jeter par la fenêtre un petit garçon de douze ans amoureux d'elle, à donner son pied à baiser aux hommes et à potiner d'amour avec les femmes. Un beau matin elle rêve le mariage, puis le concubinage avec un savant qui ne veut pas d'elle ; désespérée, elle se décide à se marier avec un brave garçon qui l'aime et qui la trouvant un jour de belle humeur, faisant du trapèze et se livrant à des mouvements vraiment avantageux pour ses formes, la juge digne de porter son nom et de défendre son honneur. Elle l'épouse, et dès qu'elle est mariée, elle n'a précisément d'autre souci que de lui faire porter la coiffure de Sganarelle. Malgré tous ses frais de séduction, l'infortunée n'arrive jamais à son but ; elle y touche presque lorsque le savant qu'elle poursuit sans relâche, relancé jusque dans son laboratoire, lui avoue qu'il a été l'amant de sa mère.

Si terrifiant que soit l'aveu, il ne rebute pas assez la jeune femme qui, voyant que l'objet de son amour a pris la fuite, se rejette dans une autre aventure, laquelle ne lui réussit d'ailleurs pas mieux. Les dieux veillent d'ailleurs sur le pauvre mari qui, un matin, voit rapporter mourante son étrange compagne. Celle-ci, en venant de pleurer sur la tombe de l'amant de sa mère, dont elle souhaitait si ardemment de faire le sien, a été victime d'un accident de voiture et meurt en disant à son mari qu'elle l'aime. Mieux vaut tard que jamais.

Voilà, en gros et raconté un peu plus qu'il ne conviendrait à la cavalière, ce roman qui, malgré le talent de l'auteur, talent fait de détails ciselés de main d'écrivain, ne me semble pas devoir donner à son héroïne la sympathie ni le pardon que l'auteur a dû rêver pour elle. La femme généreuse, enivrée de sport, hommasse, raisonneuse sans raison, étudiant son moi, dissertant sur sa chute, me semble plus l'œuvre d'un romancier que de la nature. Quelque déchéance que le snobisme ait infligé à notre haut monde moderne, il n'a pu sévir qu'exceptionnellement, et la répulsion qu'il inspire ne peut porter que sur quelques êtres sans que la généralité en soit atteinte. Or, le tort du roman moderne est de ne voir que l'exception et de généraliser d'après elle ; qu'il soit bien convenu que l'héroïne de M. J. Ricard est un cas spécial, le livre prendra à nos yeux une autre valeur ; il s'agira d'un caprice de la nature, de l'un de ses monstres, et dans ces conditions il pourra exciter l'intérêt.

Que ceux qui sont de mon avis lisent ce livre pour confirmer mon opinion et que les autres le lisent aussi pour la combattre ; c'est tout ce que je désire, c'est tout ce que souhaite aussi son auteur.

XIX

SÉVERINE

Pages rouges

Bien que plaidant avec une énergie et une éloquence masculines pour les revendications socialistes et révolutionnaires, Séverine a eu le bonheur ou l'esprit de rester femme ; elle s'émeut à toutes les misères et trouve moyen, chose rare, en prêchant la fraternité, de ne pas dire : égorgez-vous les uns les autres ! Séverine croit très sincèrement à l'idéal que nous nous forgions de la République, alors que nous étions au collège : non pas une femme rébarbative, avinée, le couteau à la main, vêtue de haillons, les pieds dans le sang, appelant au pillage et hurlant : A bas la patrie ! comme certains dilettantes la rêvent aujourd'hui, mais une femme jeune, belle, fière, élégante dans l'opulence de ses formes, montrant le glaive à l'étranger et la balance de la Justice aux Français ; à sa coiffure d'épis, d'olivier et de laurier, nous ajoutions un bluet, un lis et un coquelicot pour la faire tricolore, et nous l'aimions ainsi. Il en fut de cet amour-là comme de bien d'autres ; soit que celle à qui nous avions donné nos cœurs ait bien changé, soit que nous ayons changé nous-mêmes, il faut avouer que la passion n'y est plus, l'amour est devenu d'abord de l'amitié, puis de l'indifférence, nous en sommes aujourd'hui au vieux ménage.

Cette foi que nous avons perdue, d'autres l'ont recueillie, et ce n'est pas sans plaisir que nous la voyons défendre par ceux qui ont une véritable conviction, et qui ne font pas de l'amélioration de l'humanité un sport, comme il arrive pour le nouveau chapeau d'une grande modiste ou la musique de Wagner.

La conviction de Séverine, élève de Vallès, engendre la violence, et il n'y a aucun rapport entre ses livres et ceux des femmes écrivains de ce temps ; c'est par la franchise de la forme littéraire qu'elle appelle l'attention ; c'est par la sincérité de ses doctrines qu'elle la retient. Elle a de beaux élans de cœur, de belles colères aussi, et, ayant appris à aimer le peuple, elle fait tous ses efforts pour ne le pas laisser confondre avec la populace. Son livre : *Pages rouges*, est une preuve de ce que j'avance. Composé d'événements qu'elle apprécie ou auxquels elle s'est trouvé mêlée, ce livre plein d'ardeur et de feu nous rappelle de grandes scènes pour la plupart dramatiques, où son talent descriptif se trouve à l'aise. Mais c'est surtout dans celles qui relèvent de la politique, quand elle lutte, quand elle veut faire passer une idée de son cerveau dans le vôtre, que Séverine trouve ses plus beaux accents.

Les grèves des mineurs, son voyage au *Pays noir,* sont d'une terrifiante vérité ; il faut l'entendre parler de Louise Michel, de Félix Pyat, de MM. Guesde, Lafargue, de ceux qu'elle aime et de ceux qu'elle n'aime pas, pour avoir idée de sa verve inspirée. Mais c'est surtout Jules Vallès qui fut, comme elle le dit, son père et son enfant, qu'elle a pris à devoir de montrer sous son véritable jour, Vallès, pour qui elle a gardé un religieux souvenir, et dont elle fait un portrait *ne varietur* dans « le vrai Vingtras ». Très justement elle tient à citer cette phrase écrite par lui dans l'*Insurgé* relativement à l'exécution des otages par la Commune :

« De quel droit, au nom de qui a-t-on tué ? La Commune tout entière est responsable de cet égorgement ! Nous avons des éclaboussures de leur cervelle sur nos écharpes !... Cette boucherie est horrible ! Ces gens étaient âgés, prisonniers sans armes ! On criera que 'est une lâcheté ! »

A l'appui de la défense, elle cite une lettre écrite par Vallès à sa mère au moment où il se croyait sur le point d'être fusillé par les troupes de Versailles, et qui établit, au contraire des légendes, qu'il s'est efforcé d'empêcher les crimes odieux qui allaient être commis. En racontant toute l'affaire Ballerich au *Cri du Peuple,* elle dégage encore, en racontant la vérité, la responsabilité de Vallès, malade, mourant, et protestant contre l'article qui avait précédé et causé cette scène sanglante.

Pages rouges est, je le répète, un livre de grand intérêt ; c'est un livre d'histoire en ce sens qu'il raconte la fièvre de chaque jour, montée d'un fait, d'un sinistre, d'un désespoir, d'un rêve. En femme qui s'est donné la mission de tout voir, pour tout expliquer, accuser, défendre ou soulager, Séverine nous conduit partout, jusque dans les décombres des incendies, au milieu des cadavres des victimes d'un accident de chemin de fer, jusqu'aux courses des taureaux qu'elle maudit en véritable femme française qu'elle est. Pourquoi, elle qui a horreur du sang, a-t-elle intitulé *Pages rouges* ces pages où se trouvent, en même temps que l'amour de l'humanité, celui de la patrie et de la vérité ? C'est peut-être là un caprice de mes yeux, mais moi je les trouve tricolores.

XX

JEAN CARRÈRE

Premières poésies

M. Jean Carrère n'avait pas besoin pour faire connaître son nom du tapage des émeutiers qui avaient transporté leur industrie au quartier Latin, imposant ainsi de bien compromettants alliés aux étudiants ; il lui suffisait de publier un livre comme ses : *Premières Poésies,* qui viennent de paraître à la bibliothèque de *la Plume.* M. Jean Carrère a le grand goût et le courage d'aimer Victor Hugo et de le dire. J'avoue que l'élan d'admiration qui l'a poussé à écrire « l'Ode triomphale » est d'une si belle poussée que je ne pense pas à me préoccuper des césures, des rimes, des mètres, des assonances ni des consonances ; la chaleur et la jeunesse mettent la vie dans ces vers et c'est le meilleur compliment que je puisse leur adresser. A côté de cette poésie fulgurante, je trouve celle-ci plus calme et d'un charme extrême. Elle a pour titre : l'*Ile Heureuse*, et je la transcris complètement :

Le matin rose était joyeux comme un époux ;
La mer venait bercer de ses caresses lentes
Le vaisseau que jadis déchirait son courroux.
Déjà sous la douceur des brises indolentes,
Messagère des invisibles floraisons,
Ondulaient sur les flots des cortèges de plantes ;
Des nuages, éclos des lointains horizons,
Apparaissaient parfois en rives de magie
A nos yeux altérés des fraîcheurs de gazons.
Debout, sur les hauts mâts, les hommes de vigie
Semblaient de leur grand geste appeler l'avenir
Et boire tout l'espace en leur âme élargie,
« Terre ! terre ! » Et du fond du ciel on vit surgir
Noire dans le soleil et de pourpre irisée,
L'île heureuse où tendaient nos ailes de désir
Et nos cœurs vers nos yeux jaillirent en rosée.

Je suis, pour ma part, enchanté de voir M. Carrère revenu à la « Muse », et méditant à loisir de beaux vers ; le voilà loin de ces tumultes inutiles et dangereux qui ont valu aux jeunes gens de la rive gauche de voir coller sur leurs murs des affiches portant en tête, l'une : « Aux Travailleurs ! » et l'autre : « Aux étudiants », hasard ironique qui pouvait laisser croire que les étudiants n'étaient pas des travailleurs. Enfin toutes choses sont présentement à leur place ; les émeutiers ont regagné leurs antres, les étudiants ont repris leurs cours et les poètes leurs rêveries.

XXI

PAUL HERVIEU

Peints par eux-mêmes

M. Paul Hervieu nous a dit au théâtre que les *Paroles restent*, il nous prouve aujourd'hui, dans son livre : *Peints par eux-mêmes*, que les écrits sont comme les paroles, et ne volent, hélas ! pas tous. Dans ce nouveau roman, recueil de la correspondance de ses personnages entre eux, M. Paul Hervieu nous a montré, avec le sang-froid dans l'observation, la précision dans le récit, qui sont la marque de son talent, un coin de ce grand monde de demi-qualité sous les exquises élégances duquel on peut trouver et les vices bourgeois et les crimes faubouriens ; la forme couvre tout, mais à y bien regarder, ces flirtages conduisent à des adultères, ces consultations effarées demandées aux médecins, aboutissent à des avortements, ces épîtres interceptées à des chantages suivis de viols ou à peu près. Voilà de bien gros mots à propos d'une œuvre dont le grand mérite est la légèreté et l'extrême délicatesse ; car le talent de M. Hervieu consiste à manier toutes ces corruptions sans souiller même le bout de ses doigts gantés. L'étude n'en est pas moins profonde, et pour avoir été faite par un docteur en manchettes, l'autopsie n'est pas moins complète.

En ce temps où les questions d'hérédité sont de mode et les recherches de paternité et de filiation permises en matière littéraire, je trouverai un peu du sang de Stendahl dans les veines de l'auteur de : *Peints par eux-mêmes*, non seulement dans la structure générale de l'œuvre, mais dans le mode d'examen et parfois aussi dans l'écriture à forme contenue, précise et diplomatique. C'est je crois, Mosca qui, dans la *Chartreuse de Parme*, prononce une phrase dans le genre de celle-ci : « Méfiez-vous de tout mou-
« vement irréfléchi du cœur qui pourrait vous
« jeter dans un parti contraire à vos sympathies
« futures. » Dans le livre de M. Hervieu, je trouve ce post-scriptum à une lettre de femme : « Ecri-
« vez-moi autant que vous pourrez d'amour, sans
« que cela contienne rien de tout à fait flagrant
« délit. » Cette prudence raffinée en amour ne fait-elle pas songer à celle de Mosca en politique ?

Un des moyens littéraires vraiment habiles de M. Hervieu, c'est la sorte d'indifférence avec laquelle il sait présenter les événements, même les plus dramatiques de son roman. Le plus souvent, il fait raconter par des tiers le fait qui touche plus directement celui-ci ou celle-là ; le fait est exposé incidemment, associé à des histoires mondaines volontairement sans intérêt, et n'en porte que plus vivement, c'est la guêpe dans le bouquet. Sans raconter le roman dont le point principal est l'histoire de la passion d'une femme mariée pour un oisif de cercle, lequel a du moins le bon goût de se brûler la cervelle avant de devenir un coquin, je signalerai d'excellents portraits mondains ; celui d'un prince étranger, coureur de dots, exposant avec la plus grande déférence à son noble père la façon dont il entend faire son siège pour capter la fille d'un banquier juif, la silhouette de comédiens mêlés à des représentations de châteaux, et surtout celle d'un de ces peintres qui vivent plus dans les cercles et les salons que dans leurs ateliers ; la lettre du frère de ce peintre devrait servir de bréviaire à ceux qui vont perdre leur temps dans la compagnie des oisifs mondains, qui, en matière d'art, n'ont d'estime que pour ceux d'entre eux qui sont peintres amateurs, et que mépris pour ceux qui vivent de leurs pinceaux. — « S'il avait « voulu, disait dernièrement l'un d'eux en par-

« lant d'un grand artiste de bonne famille, B...,
« qui a le tort de courir les gens de « la haute »,
« il aurait pu ne pas faire le métier et être un
« charmant amateur ! » C'est celui-là qui, questionné sur l'intérêt que présentent les expositions annuelles des cercles, disait : — « Cela ne
« peut jamais être bon, puisque nous autres
« vrais peintres, nous n'y mettons que ce que
« nous avons de plus mauvais et les gens du
« monde que ce qu'ils font de meilleur. »

Voici quelques-uns des conseils donnés sous forme familière, par son frère, à notre peintre mondain :

... Quand tu recevais chez toi les gens du monde, tu étais maître de la situation.

Les uns et les autres, dans ces conditions, ne pouvaient que t'entretenir de ton art, te flatter, t'encourager par l'hommage de leurs félicitations, si médiocrement qu'elles fussent tournées.

Où tu es maintenant, chez eux, l'affaire est tout autre. Logiquement, et à l'inverse, c'est à toi qu'il incombe de leur parler de leur mérite ; et pour cela, il faut d'abord que tu perdes ton temps à leur en découvrir. Dans leur milieu, tu ne peux avoir l'air que d'un mondain amateur, de même que ceux des leurs qui venaient, à ton atelier, te soumettre de leur peinture, étaient pour toi des peintres amateurs. Possible que tu ne t'aperçoives pas de cette transformation dans la nuance à ton égard, mais elle est certaine. Quand leurs peintraillons viennent à toi, tu les juges, en bonne rosse que tu es;

quand tu vas à eux, ils te jugent. Et tu peux, mon garçon, compter sur leur rosserie.

Ce que je te reproche gravement, c'est que tu en sois à préférer la société du premier baron coiffé — tâche, au moins, que ce soit par toi — à celles des personnalités de valeur parmi lesquelles et grâce auxquelles tu es parvenu à être ce que tu es. Un peu plus j'aurais dit : ce que tu as été.

Voyons, réponds : dans ta nouvelle fréquentation, les hommes sont-ils seulement à moitié aussi intelligents que dans l'ancienne? Les femmes sont-elles plus jolies, plus satisfaisantes, plus fournies sous quelque rapport ?

Non, n'est-ce pas ?

Alors, quoi ? Qu'est-ce qui t'attire, te capte ? Je vais te le dire, mon garçon :

1° L'espoir de gagner facilement de l'argent.

Eh bien ! c'est du propre ; et, en définitive, tu te trompes : il n'y a rien d'aussi rat que les gens du monde.

Ce n'est là qu'un des coins du tableau dans lequel M. Hervieu a peint, lui aussi, le monde qu'il connaît, qu'il aime, et qu'il sait cependant impartialement juger.

XXII

GYP

Madame la Duchesse

« *Madame la Duchesse* » continue la charmante galerie des petits tableaux du grand monde de notre temps que Gyp a entreprise avec tant de succès ; succès dus à son talent fait de légèreté de main et de netteté de coup d'œil. Rien de plus curieux que ces études mêlées de fantaisie, il est vrai, mais où, malheureusement pour l'espèce humaine, la vérité tient aussi sa place.

Sans se livrer à de trop graves considérations philosophiques à propos d'un livre tout de belle humeur, on ne saurait s'empêcher de mépriser un peu et de plaindre beaucoup quelques-uns de ceux à qui le hasard a donné la mission de représenter ce que l'on appelle la haute société; il est de belles et nombreuses exceptions à faire, et je sais de grands noms aussi bien portés aujourd'hui par les descendants que par les ancêtres, des familles où les hommes sont braves intelligents et utiles, les femmes chastes et fidèles gardiennes de l'honneur de leurs pères et de leurs maris ; mais il ne faut pas confondre ce véritable grand monde avec ce demi-grand monde, qui parle l'argot des faubourgs, dont les hommes inoccupés, au crâne vide, les femmes hébétées de toilette et d'oisiveté, ne sont bons qu'à peupler des cercles de compromettantes ventes de charité, et sont incapables de s'intéresser à autre chose qu'à la dernière mode, aux courses, au patinage, aux soirées, aux bals ou aux concours hippiques.

Pour être juste, il faut reconnaître que si cette partie de la noblesse qui aspire à descendre est peu recommandable, elle ne vaut guère moins que la portion de la bourgeoisie qui se dit haute, et est si fière de s'y faire tolérer. De ces deux fractions de société dont la fortune a fait des oisifs et qui réunissent leurs nullités et leurs vices, est née une troisième classe intermédiaire, race hybride qui n'a plus ni la hauteur de sentiments de l'aristocratie, ni les vertus solides de la vraie bourgeoisie. Des blasons avariés, des sacs d'écus plus ou moins bien gagnés, fruits d'opérations financières, d'héritages ou de contrats de mariage, un ardent amour au plaisir, voilà ce qui réunit ces gens échappés à leur centre ; ils flottent dans la vie comme ces fragments de planètes qui errent inclassés dans l'espace et ne se maintiennent en équilibre que parce qu'ils sont également repoussés de tous côtés.

C'est dans ce milieu qu'évoluent les personnages de Gyp, que nous connaissons déjà tous par ses œuvres précédentes. Cette fois, le petit duc est marié et, pour prix de sa sottise, de son absence de sens moral, obtient l'adjonction d'une fleur de souci aux trèfles de sa couronne ducale. Non pas que la duchesse soit une femme vicieuse, il s'en faut, et son âme délicate ne se résout à déserter le devoir que poussée par la grossièreté du mondain dont elle porte le nom. On n'est pas plus sot que ce garçon, qui se voit fermer la porte d'un cercle parce qu'il a été sganarellisé ; cercle rare s'il en fût !

Malgré sa défaillance, la duchesse reste sympathique, et n'était son langage que je n'aime pas beaucoup, on ne demande qu'à lui pardonner. Je lui reproche de dire : « Ben » à tout propos, « J'ai pas dit », « J'te crois », « Ça ne serait pas à faire », « Sais pas », de patoiser un peu plus que de raison, même dans un monde où le langage est relâché comme le reste.

Cette petite noise cherchée à Gyp, je signalerai comme absolument charmant le chapitre où la duchesse mère apprend qu'elle a été trompée par le feu duc son mari dont elle vénérait la mémoire : « Pourquoi », s'écrie-t-elle dans un mouvement de douleur réelle, « pourquoi Dieu fait-il « la vie si laide qu'on ne puisse pas la connaître « telle qu'elle est sans avoir envie de mourir ? » Après l'amertume vient la colère, et quand son amie stupéfaite lui dit : « Dieu me pardonne, on « dirait que tu regrettes de n'avoir pas trompé « ton mari ? » La duchesse éclate et répond par un superbe : « Eh bien, oui, là !... »

Le chapitre intitulé : Réminiscences, dans lequel on voit la jeune duchesse sortir pure d'un rendez-vous parce que le séducteur procède trop comme jadis son mari, est charmant aussi ; ce serait une exquise scène de comédie.

SPIRITUALISTES & ROMANTIQUES

I

VICTOR HUGO

Toute la Lyre

C'est la troisième partie de : *Toute la Lyre* qui forme le dernier volume des poésies inédites de Victor Hugo. Comme les précédents, ce tome est divisé en sept grands fragments qui représentent les cordes de la lyre, vibrant aux mouvements de la nature, de l'humanité, de la philosophie, de l'art, de l'amour, de la fantaisie, et enfin la corde d'airain où résonnent les accents de la passion, les cris de colère, les imprécations juvénalesques des *Châtiments*.

Toutes les fois que paraît un nouveau volume de Victor Hugo, la critique se préoccupe de savoir s'il est supérieur ou inférieur aux précédents ; c'est là, je crois, un souci inutile, car ses œuvres posthumes sont égales entre elles, renfermant toutes des poésies qui datent de sa jeunesse, de sa maturité et de son âge mûr ; le mieux n'est-il pas d'en jouir et de les prendre telles qu'elles viennent, sans perdre son temps à chercher leur acte de naissance ?

Dès le commencement du volume, je trouve une page exquise: *La Bossue*, que je regrette de ne pouvoir transcrire entièrement, voulant réserver une place à d'autres citations:

(*Elle prend un miroir, s'y regarde, le jette avec horreur, souffle son flambeau et tombe à genoux auprès de son lit.*)

Oh ! je suis monstrueuse et les autres sont belles !
Cette bosse ! ô mon Dieu !...

(*Elle cache son visage dans ses mains et laisse tomber sa tête sur le lit. Elle s'endort.*)

UNE VOIX

C'est là que sont tes ailes !

. . . .

A ta mort, ton épaule informe s'ouvrira,
Car la chair s'ouvre alors pour laisser passer l'âme,
O femme, et l'on verra, de cette bosse infâme,

Moquée et vile, horrible à tout être vivant,
Sortir deux ailes d'ange immenses, que le vent
Gonflera dans les cieux comme il gonfle des voiles,
Et qui se déploieront, toutes pleines d'étoiles.

Oui, femme, écoute-moi. Nous autres nous voyons
L'ange à travers le monstre, et je vois tes rayons.
Du songe où ta laideur rampe, se cache et pleure,
Oui, de ce songe affreux que tu fais à cette heure,
Tu t'éveilleras belle au delà de tes vœux.
Tu flotteras, voilée avec tes longs cheveux
Et dans la nudité céleste de la tombe,
Et tu resteras femme en devenant colombe.
Tu percevras, dans l'ombre et dans l'immensité,
Un sombre hymne d'amour montant vers ta beauté.
Les hommes à leur tour te paraîtront difformes ;
Tu verras sur leur dos leurs fautes, poids énormes ;
Les fleurs éclaireront ton corps divin et beau,
Car leur parfum devient clarté dans le tombeau.
Les astres t'offriront leur rose épanouie.
Tu prendras pour miroir, de toi-même éblouie,
Ce grand ciel qui te semble aujourd'hui plein de deuil.
Ailée et frissonnante au bord de ton cercueil,
Comme l'oiseau qui tremble au penchant des ravines,
Tu sentiras frémir dans les brises divines
Ton corps fait de splendeur, ton sein blanc, ton front pur,
Et tu t'envoleras dans le profond azur !

Une pièce grandiose : *la Vision des montagnes,* sert de prélude à une suite de poèmes d'une indiscutable beauté. Le poète voit sortir de l'ombre l'un après l'autre les sommets des monts historiques : c'est le Caucase ruisselant du sang de Prométhée, c'est Ararat portant toute l'humanité dans l'arche, c'est l'Olympe couronné de dieux et de déesses, c'est le Sinaï montrant, éclairé par la foudre, un prophète recevant un glaive, c'est enfin, dans les ténèbres, le Calvaire qui apparaît à son tour :

> ... Puis la brume
> Se referme pareille à des nappes d'écume.
> Les vents grondaient; le gouffre était au-dessous d'eux,
> Noir dans l'immensité d'un tremblemement hideux,
> Soudain, comme heurté par quelque ouragan fauve,
> Il s'ouvrit. Et je vis une colline chauve;
> Le crépuscule horrible et farouche tombait.
> Un homme expirait là, cloué sur un gibet,
> Entre deux vagues croix où pendaient deux fantômes;
> D'une ville lugubre on distinguait les dômes;
> Les nuages erraient dans les rougeurs du feu;
> Et le supplicié me cria : Je suis Dieu.
> J'entendis dans la nuit redoutable et sévère
> Comme un souffle d'horreur qui murmurait: Calvaire!
> L'obscurité faisait des plis comme un linceul.
> Pâle, je contemplais, dans l'ombre où j'étais seul,
> Comme on verrait tourner des pages de registres,
> Ces apparitions de montagnes sinistres.

Ce grand morceau est suivi d'un autre, incroyable de difficultés vaincues : *le Calcul*, où l'écrivain explique, dans sa langue de poète, toutes ces choses précises: les chiffres, l'algèbre, les logarithmes, l'infinitésimal, avec une incomparable souplesse. Qu'on ne soit pas trop étonné de voir le maître du vers parler le langage des savants; il avait, chose à peu près ignorée, travaillé les mathématiques pour entrer à l'école polytechnique. Et, pourtant, il déclare que la science est le « vide sublime » et conclut ainsi:

O science! absolu qui proscrit l'inouï!
L'exact pris pour le vrai! la plus grande méprise
De l'homme, atome en qui l'immensité se brise,
Et qui croit, dans sa main que le néant conduit,
Tenir de la clarté quand il tient de la nuit!
O néant! de là vient que le penseur promène
Souvent son désespoir sur la science humaine,
Et que ce cri funèbre est parfois entendu:
— Savants, puisque votre œuvre est un effort perdu,
Puisque, même avec vous, nul chercheur ne pénètre
Dans le problème unique et n'arrive à connaître;
Que, même en vous suivant dans tant d'obscurité,
Hélas, on ne sait rien de la réalité,

Rien du sort, rien de l'aube ou de l'ombre éternelle,
Rien du gouffre où l'espoir ouvre en tremblant son aile;
Puisqu'il faut qu'après vous encor nous discutions;
Puisque vous ne pouvez répondre aux questions:
Le monde a-t-il un Dieu? la vie a-t-elle une âme?
Puisque la même nuit qui nous tient vous réclame,
Pourquoi votre science et votre vanité?
A quoi bon de calculs ronger l'immensité,
Et creuser l'impossible, et faire, ô songeurs sombres,
Ramper sur l'infini la vermine des nombres?

Un grand attrait du livre est la variété des sujets ; tantôt le poète décrit une halte de voyageur, nette et précise comme un Meissonier, tantôt un soleil couchant, une scène antique, un détail personnel, et même la chambre qu'il habitait rue de la Tour-d'Auvergne en 1850:

Partout autour de moi, sur maint vieux parchemin,
Sur le satin fleuri, sur les pots, sur les laques,
Vivent confusément les djinns, les brucolaques,
Les mandarins à l'air vénérable et sournois,
Les dragons, les magots, et ces démons chinois
Fort laids, mais pétillants de malice et de flamme,
Qui doivent ressembler aux rêves d'une femme
Amoureuse de vous, ô mon ami Crémieux!
Mon esprit dans ce monde étrange pense mieux;
Comme un oiseau tenté par de lointaines grèves,
Il ouvre lentement les ailes dans ces rêves.

Il y a de tout, je le répète, dans ce livre ; voici un conseil rimé à ceux ou à celles qui parlent trop et qui ne savent pas que, si les paroles volent, elles restent autant et mieux que les écrits :

Braves gens, prenez garde aux choses que vous dites.
Tout peut sortir d'un mot qu'en passant vous perdîtes.
Tout, la haine et le deuil ! Et ne m'objectez pas !
Que vos amis sont sûrs et que vous parlez bas.
Ecoutez bien ceci :
                Tête-à-tête, en pantoufle,
Portes closes, chez vous, sans un témoin qui souffle,
Vous dites à l'oreille au plus mystérieux
De vos amis de cœur, ou, si vous l'aimez mieux,
Vous murmurez tout seul, croyant presque vous taire,
Dans le fond d'une cave à trente pieds sous terre,
Un mot désagréable à quelque individu.
Ce mot que vous croyez qu'on n'a pas entendu,

Que vous disiez si bas dans un lieu sourd et sombre,
Court à peine lâché, part, bondit, sort de l'ombre ;
Tenez, il est dehors ! il connaît son chemin ;
Il marche, il a deux pieds, un bâton à la main,
De bons souliers ferrés, un passeport en règle ;
Au besoin, il prendrait des ailes comme l'aigle !
Il vous échappe, il fuit, rien ne l'arrêtera ;
Il suit le quai, franchit la place, et cætera,
Passe l'eau sans bateau dans la saison des crues,
Et va, tout à travers un dédale de rues,
Droit chez le citoyen dont vous avez parlé,
Il sait le numéro, l'étage ; il a la clé,
Il monte l'escalier, ouvre la porte, passe,
Entre, arrive, et, railleur, regardant l'homme en face
Dit : — Me voilà ! je sors de la bouche d'un tel. —
Et c'est fait. Vous avez un ennemi mortel.

La corde de la poésie légère, familière, y vibre comme toutes les autres, témoin la jolie poésie intitulée : *Le Blasphème de l'Amour*. Le début est charmant de liberté ; c'est un personnage du nom de Gabonus qui parle :

La belle s'appelait mademoiselle Amable,
Elle était combustible et j'étais inflammable.
Un treize, je la vis passer sur le Pont-Neuf.
Les Grâces étaient trois, les Muses étaient neuf ;
Et c'est là ce qui fait sacré le nombre douze,
Et treize fatal. Donc, un treize, une Andalouse
De Pantin, telles sont les rencontres qu'on a,
Amable, d'un regard charmant, m'assassina.
Duel, duo. Sous l'œil paternel des édiles,
Il naît sur le Pont-Neuf beaucoup de ces idylles.
Je la qualifiai d'ange, un mois à peu près.
Bref, je me demandais un jour si je romprais,

Quand, par un doux soleil d'avril, entre deux pluies,
Je reçus ce billet de l'ange : « Tu m'ennuies.
Bonsoir. » — Ce qui me fit furieux. D'autant plus
Que c'est elle, parbleu, qui m'ennuyait...

Je coupe le récit, j'en passe d'autres racontés avec le même abandon et je copie ces cinq vers qui le terminent :

J'adorai Berthe, Anna, Mousqueton, Colibri,
Jeannette, Olympia. — Donc j'ai connu les femmes,
J'en ai connu les cœurs, j'en ai connu les âmes,
Le haut, le bas, le vrai, le faux, le mal, le bien ;
Et la conclusion, la voici : Viens, mon chien !

Plus loin, le poëte est repris par les hautes pensées, son esprit se promène sur toute la création, et en présence des cruautés de la politique de conquête, il lance, lui, l'homme de progrès, l'anathème contre la civilisation :

..... Vous croyez civiliser un monde
Lorsque vous l'enfiévrez de quelque fièvre immonde,
Quand vous troublez ses lacs, miroirs d'un dieu secret,
Lorsque vous violez sa vierge, la forêt ;
Quand vous chassez du bois, de l'antre, du rivage
Votre frère naïf et sombre, le sauvage,
Cet enfant du soleil peint de mille couleurs,
Espèce d'insensé des branches et des fleurs,
Et quand, jetant dehors cet Adam inutile,
Vous peuplez le désert d'un homme plus reptile,
Vautré dans la matière et la cupidité,
Dur, cynique, étalant une autre nudité,

Idolâtre du dieu dollar, fou qui palpite,
Non plus pour un soleil, mais pour une pépite,
Qui se dit libre, et montre au monde épouvanté
L'esclavage étonné servant la liberté !

Ceux qui se sont chargés de réunir les œuvres de Victor Hugo ont trouvé dans les pages qui constituent la corde d'airain un morceau destiné certainement aux *Châtiments*, et intitulé : « La mort de Saint-Arnaud. » Bien qu'il soit triste de voir qu'une mort de héros n'ait pas désarmé la haine du poète, MM. Paul Meurice et Auguste Vacquerie, comme exécuteurs testamentaires, n'ont pas cru devoir supprimer cette pièce qu'ils devaient quand même conserver, en raison de sa haute valeur littéraire; nous ne reproduirons pas ce chapitre, que nous ne voulons considérer que comme une œuvre de grand art, mais que Victor Hugo n'avait pas jugé à propos de faire figurer dans l'édition définitive des *Châtiments* : voici cependant les quelques vers qui nous montrent Saint-Arnaud pris par le choléra et combattant jusqu'à son dernier soupir ;

La peste saisissant son condamné sinistre,
A défaut du César acceptant le ministre,
Dit à la guerre pâle et reculant d'effroi :
— Va-t'en. Ne me prends pas cet homme. Il est à moi
Et cria, de sa voix où siffle une couleuvre :
— Bataille, fais ta tâche et laisse-moi mon œuvre.
Alors, suivant le doigt qui d'en haut l'avertit,
L'essaim vertigineux sur ce front s'abattit ;

Lemonstre aux millions debouches, l'impalpable,
L'infini, se rua sur le blême coupable ;
Les ténèbres, mordant, rongeant, piquant, suçant,
Entrèrent dans cet homme et lui burent le sang.
Et l'enfer, le tordant vivant dans ses tenailles,
Se mit à lui manger dans l'ombre les entrailles.

J'arrête ici la citation, le reste est superbe de passion, de colère et de haine ; mais on ne comprend pas que Victor Hugo, en concluant, n'ait pas trouvé autre chose que des paroles de dédaigneuse et humiliante pitié ; il méritait pourtant mieux, l'homme dont l'agonie ne put terrasser le courage et qui, mort, fut ramené en France enveloppé dans ce drapeau qu'il avait défendu avec l'expérience d'un grand capitaine et le courage d'un héros. Tous les deux, le poète et le général, ont dû se rencontrer, s'il est un rendez-vous pour les âmes glorieuses ; ils ont dû se pardonner l'un l'autre et saluer chacun un front couronné d'immortels lauriers.

Le livre renferme bien des chapitres à admirer, ceux qui sont consacrés à Baudin, à Lesurques, des pièces pleines de grandeur ou de charme, mais je ne puis plus que citer cette strophe que le poète écrivit après la guerre, le jour de la mort de son second fils :

Que te sert, ô Priam, d'avoir vécu si vieux ?
Tu vois tomber tes fils, ta patrie et tes Dieux.
Un vieillard est souvent puni de sa vieillesse
Par le peu de clarté que le destin lui laisse.

Survivre est un regret poignant, presque un remords.
Voir sa ville brûlée et tous ses enfants morts
Est un malheur possible, et l'aïeul solitaire
Tremble et pleure de s'être attardé sur la terre.

C'est sur ces derniers vers sortis de son cœur meurtri, et non pas seulement sur ceux qui ont jailli des fureurs de son génie, qu'il faut juger Victor Hugo ; du moins ne doit-on pas lire les uns sans lire aussi les autres, et faut-il reconnaître que l'Océan terrible et majestueux dans les éclats de ses tempêtes ne reste pas moins grand dans le calme de ses apaisements.

II

BARBEY D'AUREVILLY.

Les Œuvres et les Hommes

La librairie Lemerre vient de publier dans la série : *Les Œuvres et les Hommes*, par J. Barbey d'Aurevilly, un volume contenant un certain nombre d'études sur « les Mémoires historiques et littéraires ». Les mémoires de Saint-Simon, du duc de Lauzun, de Mme de Genlis, du maréchal de Richelieu, du duc de Luynes, de Philarète-Chasles, de Metternich (je n'en cite pas le tiers) composent ce livre, qui contient peut-être les plus belles pages du maître. Il n'est pas permis de disserter de sang froid en présence de ces coléreux et si magnifiques élans de la conscience de l'homme et de l'écrivain ; nul ne saurait juger avec plus de passion que Barbey d'Aurevilly, il n'est pas possible de le faire avec plus d'honnêteté ; la richesse éblouissante de son style ne l'aveugle pas, il reste clairvoyant, poursuit sans dévier sa pensée et la livre palpitante, telle qu'elle est sortie de son cœur. Quoi de plus éloquent que cette dure apostrophe à Saint-Simon, dont il reconnaît pourtant le génie ; mais il s'agit d'une femme et d'un roi, de quelle femme et de quel roi ? de Mme de Maintenon et de Louis XIV.

Tout ce qu'on peut dire d'une créature méchante, abjecte et dangereuse, il l'a dit de cette femme à la grandeur cachée, qui s'en vient tranquillement vers la postérité, qui le croit, à travers tant de calomnies. Ecoutez-le ! Louis XIV n'était que médiocre, mais elle : « Elle sentait et pensait en petit. » La première misère de sa vie,— cette sainte misère qui nous lave le cœur avec nos larmes et qui nous le parfume pour toujours lorsque nous l'avons respirée ! — la première misère de sa vie, ose-t-il dire, l'avait *avilie* dans son cœur et dans son esprit : « Situation radieuse ! profonde bassesse ! » Et il n'y a pas un seul fait, dans tous les *Mémoires*, qui donne à Saint-Simon, l'Alceste moins l'honnêteté cette fois, le droit de poser de telles conclusions ! Nous ne craignons pas de l'affirmer: Saint-Simon est pour les trois quarts, sinon pour le tout, dans ces sottises atroces et, disons-le, même bêtes, qui se sont fixées sur cette belle tête voilée historique, mais dont le voile de veuve pieusement gardé laissera toujours apercevoir la beauté, le caractère et le courage. Il a tordu et retordu, d'une main cruelle, cette couronne d'épines dont elle n'a pas plus senti le poids que celui de l'autre couronne. De toutes ces insultes de Saint-Simon, en les exprimant d'un pouce ferme, il ne sort rien de plus que l'*ambition effrénée* d'une femme qui avait le droit de prétendre à tout et qui, arrivée à sa place par cette loi de gravitation dont le jeu reste toujours innocent de ses actes, s'effaça et vécut avec la simplicité de la plus humble chrétienne, entre son royal époux et Dieu. Ambitieuse ! Mais, en fait, elle se convertit avant de tomber dans la misère. Elle implora les bontés de la Reine seule. Elle épousa le cul-de-jatte Scarron, qui ne lui laissa que ses guenilles de poète. Devenue l'institutrice des enfants de Mme de Montespan, elle n'eut là aucune lâche faiblesse. Elle fit respecter l'innocence des enfants dont elle était chargée, refréna les désirs du Roi, l'épousa en secret, n'en parla jamais, ne revendiqua aucun des privilèges de sa fonction, acheta et sauva des patrimoines de protestants indemnisés, ne répondit point aux calomnies, et, à la mort du Roi, baissa ses coiffes, qu'elle n'avait jamais beaucoup relevées, et s'en alla mourir à Saint-Cyr. Où est l'ambition dans tout cela?..

Voilà pourtant, sans exagération et sans déclamation d'aucune sorte, la femme que Saint-Simon traîne sur la claie de ses *Mémoires* avec un acharnement sans égal. Il est vrai que c'est sur la même claie, devenue splendide, qu'il a étendu le corps rayonnant de Louis XIV ! Unis de leur vivant au sommet des grandeurs humaines, unis devant Dieu et par des ressemblances de nature qu'on n'a pas assez remarquées et qu'il serait curieux de faire saillir, Louis XIV et Mme de Maintenon seront encore unis dans l'injustice et dans l'injure. Partout ils ont trouvé leur lit nuptial. Ils l'ont trouvé dans ces *Mémoires*, que dans l'intérêt de la vérité il ne faut point appeler terribles, car on les croirait redoutables, comme ils le trouvent encore dans l'opinion d'un temps perdu de panthéisme et qui n'a plus la vraie notion de la grandeur individuelle.

Je n'ai pas pu résister au besoin de copier ces deux pages du beau livre de Barbey d'Aurevilly, un livre plein de vaillance, débordant d'enthousiasme, d'honneur et de talent. On y voit revivre toute la cour de Louis XIV et il semble qu'on assiste à ces belles fêtes du grand roi que M. de Gourville vint interrompre glorieusement un jour apportant au Roi 107 drapeaux et étendards que lui envoyait Condé, triomphant à la bataille de Sénef.

III

ANATOLE FRANCE

Opinion de M. Jérôme Coignard

Ce m'est toujours un plaisir d'avoir à ouvrir un livre de M. Anatole France, un regret aussi d'avoir à le fermer; mais le temps me presse et comme à Ahasvérus, il m'est interdit de revenir sur mes pas, de récidiver une joie (qu'on me passe le solécisme !) de relire un bon livre. C'est en récapitulant mes souvenirs sur les *Opinions de M. Jérôme Coignard* que ces regrets me viennent, car j'aimerais à déguster toutes les fines pensées, la sage philosophie, les appréciations de la pauvre œuvre humaine qui remplissent ces pages faites de bon sens et de fantaisie. La justice, la science, l'armée, la finance, les usages, les mœurs, la littérature, l'administration, l'histoire, etc., y ont leur chapitre, et jusqu'à notre immortelle Académie. Dans celui qui est relatif à cette dernière, je copie ces lignes, dont l'ironie est tempérée par la plus exquise politesse, mais dont la responsabilité incombe uniquement à l'abbé ; il n'est point irrévérencieux, mais il dit ce qu'il pense :

— Monsieur l'abbé, demandai-je, l'Académie n'a-t-elle pas le devoir d'appeler à elle les meilleurs esprits du royaume plutôt que l'oncle de l'évêque de la feuille ?
— Mon fils, répondit doucement mon bon maître, si M. de Séez se montre austère dans ses mandements, magnifique et galant dans sa vie, s'il est enfin le paragon des prélats et s'il a prononcé ce panégyrique de saint Maclou, dont l'exorde, relatif à la guérison des écrouelles par le roi de France, a paru noble, vouliez-vous que la Compagnie l'écartât pour cette seule raison qu'il a un neveu aussi puissant qu'aimable ? C'eût été montrer une vertu barbare et punir avec inhumanité M. de Séez des grandeurs de sa famille. La Compagnie a voulu les oublier. Cela seul, mon fils, est assez magnanime.

Puis vient la question de la confection du dictionnaire, « l'unique souci des Immortels ».

Quand ils y ont vaqué, ils trouvent tout loisir de se récréer entre eux. Il leur faut pour cela des compagnons plaisants, faciles, gracieux des confrères aimables, des hommes entendus et sachant le monde. Ce n'et pas toujours le cas des grands talents. Le génie est parfois insociable. Un homme extraordinaire est rarement un homme de ressource. L'Académie a pu se passer de Descartes et de Pascal. Qui dit qu'elle se serait aussi bien passée de M. Godeau ou de M. Conrart, ou de toute autre personne d'un esprit souple, liant et avisé ?

Et plus loin :

Une Compagnie formée exclusivement de grands hommes serait peu nombreuse et semblerait triste. Les grands hommes ne peuvent se souffrir les uns les autres, et ils n'ont guère d'esprit. Il est bon de les mêler aux petits, cela les amuse. Les petits y gagnent par le voisinage, les grands par la comparaison ; il y a bénéfice pour les uns comme pour les autres. Admirons par quel jeu sûr, par quel mécanisme ingénieux, l'Académie française communique à quelques-uns de ses membres l'importance qu'elle reçoit des autres. C'est une assemblée de soleils et de planètes où tout brille d'un éclat propre ou emprunté.

Je dirai plus. Les mauvais choix sont nécessaires à l'existence de cette assemblée. Si elle ne faisait pas, dans ses élections, la part de la faiblesse et de l'erreur, si elle ne se donnait pas quelquefois l'air de prendre au hasard, elle se rendrait si haïssable qu'elle ne pourrait plus vivre.

Entrons dans le domaine purement philosophique, terrain sur lequel M. Anatole France maintient son droit à la fantaisie. Il arrive naturellement, en traitant de Rousseau, à parler de Robespierre, son meilleur élève ; en ce dernier, il ne veut pas voir un monstre, mais un optimiste croyant à la vertu.

La folie de la Révolution fut de vouloir instituer la vertu sur la terre. Quand on veut rendre les hommes bons et sages, libres, modérés, généreux, on est amené fatalement à vouloir les tuer tous. Robespierre croyait à la vertu : il fit la Terreur. Marat croyait à la justice : il demandait deux cent mille têtes. M. l'abbé Coignard est peut-être, de tous les esprits du dix-huitième siècle, celui dont les principes sont le plus opposés aux principes de la Révolution. Il n'aurait pas signé une ligne de la Déclaration des droits de l'homme, à cause de l'excessive et inique séparation qui y est établie entre l'homme et le gorille.

A force d'avoir voulu parler de toutes choses sous l'unique contrôle de la logique, le brave abbé s'aperçoit que celui qui ne procède que d'après le bon sens et la raison, pourrait bien n'être qu'un fou. Il constate que rien n'est plus fatal que la logique absolue qui conduit au scepticisme, lequel n'est au fond qu'un avant-goût de la mort. A vouloir voir les objets de trop haut on finit par ne les plus voir du tout : à force de vouloir être impartial, on ne sait plus ni aimer ni haïr, on ne sème plus ni reconnaissance ni haine, on ne touche plus ni les cœurs ni les esprits ; ceux-ci vous mettent hors la vie et ne vous considèrent plus que comme un objet inanimé, un méridien dont l'ombre vous marque l'heure ; l'humanité ne serait-elle pas plus heureuse d'ignorer l'absolue vérité et la marche du temps ? Aussi, le brave abbé, changeant de ton, dit-il à son disciple d'un accent si profond qu'il le pénètre jusqu'au fond de l'âme :

— Tournebroche, mon fils, vous me voyez tout à coup

incertain et embarrassé, balbutiant et stupide, à la seule idée de corriger ce que je trouve détestable. Ne croyez point que ce soit timidité d'esprit : rien n'étonne l'audace de ma pensée. Mais prenez bien garde, mon fils, à ce que je vais vous dire. Les vérités découvertes par l'intelligence demeurent stériles. Le cœur est seul capable de féconder ses rêves. Il verse la vie dans tout ce qu'il aime C'est par le sentiment que les semences du bien sont jetées sur le monde. La raison n'a point tant de vertu. Et je vous confesse que j'ai été jusqu'ici trop raisonnable dans la critique des lois et des mœurs. Aussi cette critique va-t-elle tomber sans fruits et se sécher comme un arbre brûlé par la gelée d'avril. Il faut, pour servir les hommes, rejeter toute raison, comme un bagage embarrassant, et s'élever sur les ailes de l'enthousiasme. Si l'on raisonne, on ne s'envolera jamais.

Ainsi conclut l'abbé Jérôme Coignard, à qui il sera pardonné bien des libertés de langage et de pensée. Mais il faut, pour cela, songer qu'il vivait à une époque d'abus où des hommes d'Etat se réjouissaient ouvertement de leurs friponneries, tout comme l'honnête dame qui, consultée sur le plaisir qu'elle avait le plus ressenti dans sa vie, répondait franchement : — « C'est celui de me sentir déshonorée ! » ; il faut rappeler qu'il s'agit d'un temps où, dans notre pays, les lois étaient insuffisantes à protéger les citoyens, où les parleurs avaient beau jeu, où les maîtres étaient souvent des gens dont on n'eût pas voulu pour laquais, où les juges rendaient d'iniques sentences, où les gros mangeaient les petits, où les sots étaient plus nombreux que les gens d'esprit, ce qui n'est plus du tout, mais plus du tout, le cas de la France d'aujourd'hui.

Pour conclure je dirai que, dans son dernier ouvrage, M. Anatole France a voulu seulement nous faire partager sa douce philosophie, ne cherchant pas à réformer les hommes, parce qu'il sait qu'on ne saurait le faire sans modifier ou supprimer les organes que la nature leur a donnés, lesquels peuvent avoir du mauvais mais aussi beaucoup de bon, au dire des connaisseurs.

IV

J. DE HEREDIA

Les Trophées

« — Toi je t'aime, d'abord parce que tu as un
« nom exotique et sonore, ensuite parce que tu
« as fait de beaux vers qui se recourbent comme
« des lambrequins héraldiques ! » Tous ceux qui
ont entendu le grand Théo, reconnaîtront dans ces
cinq lignes le ton du discours, la cadence, le déroulement de la phrase et presque le son de la voix
de l'auteur d'*Emaux et Camées* ; déjà dans son
rapport sur les progrès de la poésie française, il
avait dit à propos de celui à qui est consacré
cet article : « José-Maria de Heredia, que son
« nom espagnol n'empêche pas de tourner de
« très beaux sonnets en notre langue » ; car le
futur auteur des Trophées était alors un tout
jeune homme, mais son talent avait déjà sa
marque, et ses œuvres d'alors révélaient aussi

bien le désir impérieux de la perfection dans la forme, que celles d'aujourd'hui.

Contrairement aux poètes avides de renommée qui, dès qu'ils ont crayonné leurs premiers vers, les livrent imprudemment a la publicité, M. de Heredia s'est contenté, depuis plus de vingt-cinq ans, de ciseler, c'est le mot, jusqu'à l'exagération du scrupule, des sonnets, merveilles d'art qu'on se redisait dans tous les salons littéraires, et que de loin en loin reproduisaient des revues ; jusqu'à ce jour, il s'est bien gardé de faire imprimer « son volume », le retenant avec une jalousie d'artiste, trouvant toujours une retouche à faire, et hanté par cette fièvre du mieux sans laquelle il n'est point d'œuvre durable. Les maîtres mosaïstes ne plaçaient et scellaient définitivement une pierre sur leurs fonds d'or qu'après en avoir scrupuleusement examiné la forme, après s'être assurés que non seulement sa couleur, sa nuance, lui assignaient telle ou telle place dans leur composition, participant, si petite qu'elle fût, à l'harmonie générale ; M. de Heredia, procédant de leur conscience, n'a jamais employé un mot, je ne dirai pas au hasard, mais sans l'avoir soumis à un rigoureux examen, le mesurant, le pesant comme matière précieuse, et ne l'employant que quand il avait constaté qu'il était le seul qui représentât exactement sa pensée.

C'est cette persistance dans la recherche de la perfection, c'est cette crainte de produire devant le public des lecteurs une œuvre qu'il ne trouvait pas achevée, qui a fait justement dire de ce poète qu'il était tout à la fois célèbre et inédit. Bien que ce soit le poète et non pas l'homme que nous voulons étudier ici, il est assez intéressant de constater que son talent est bien la résultante de son individualité et que l'on retrouve dans les œuvres de ce descendant de conquérants espagnols le charme et la pureté de la race latine, en même temps que l'amour du pompeux et du flamboyant qui est le propre de la littérature d'au delà des Pyrénées.

Mais, comme je l'ai dit bien des fois, il n'est telle appréciation qui vaille une preuve, et j'aime mieux montrer un peu de l'œuvre du poète que de m'efforcer de la peindre par des mots. *Les Trophées* forment pour ainsi dire, par leurs divisions, une sorte de petite *Légende des Siècles*. Le volume, se compose de délicats poèmes antiques compris sous ce titre : *la Grèce et la Sicile*, puis *Rome et les Barbares;* viennent ensuite : *le Moyen Age et la Renaissance, l'Orient et les Tropiques, la Nature et le Rêve*, puis le *Romancero* et *les Conquérants de l'or*. Ne pouvant citer que peu de pièces, je transcrirai cette épigramme funéraire si pleine de grâce et d'où s'exhale le parfum de l'antiquité :

Ici gît, Etranger, la verte sauterelle
Que durant deux saisons nourrit la jeune Hellé,
Et dont l'aile vibrant sous le pied dentelé
Bruissait dans le pin, le cytise ou l'airelle.

Elle s'est tue, hélas ! la lyre naturelle,
La muse des guérets, des sillons et du blé ;
De peur que son léger sommeil ne soit troublé,
Ah ! passe vite, ami, ne pèse point sur elle.

C'est là ! Blanche, au milieu d'une touffe de thym,
Sa pierre funéraire est fraîchement posée.
Que d'hommes n'ont pas eu ce suprême destin !

Des larmes d'un enfant sa tombe est arrosée,
Et l'aurore pieuse y fait, chaque matin,
Une libation de gouttes de rosée.

A côté de cette pièce si délicate, en voici une autre, superbe paysage antique :

Le quadrige céleste à l'horizon descend,
Et, voyant fuir sous lui l'occidentale arène,
Le Dieu retient en vain de la quadruple rêne
Ses étalons cabrés dans l'or incandescent.

Le char plonge. La mer, de son soupir puissant,
Emplit le ciel sonore où la pourpre se traîne,
Tandis qu'à l'Est d'où vient la grande Nuit sereine,
Silencieusement s'argente le Croissant.

Voici l'heure où la Nymphe, au bord des sources fraîches,
Jette l'arc détendu près du carquois sans flèches.
Tout se tait. Seul, un cerf brame au loin vers les eaux.

La lune tiède luit sur la nocturne danse,
Et Pan, ralentissant ou pressant la cadence,
Rit de voir son haleine animer les roseaux.

Bien que les morceaux héroïques, les vigoureuses peintures du moyen âge, enrichissent de superbes pages l'œuvre de M. de Heredia, c'est dans l'antiquité qu'il a, selon moi, trouvé ses plus hautes inspirations ; la première pièce du livre : l'*Oubli,* me semble particulièrement empreinte de la beauté sévère et sereine qui plane encore sur les ruines de Rome et de la Grèce.

Le temple est en ruine au haut du promontoire.
Et la Mort a mêlé, dans ce fauve terrain,
Les Déesses de marbre et les Héros d'airain
Dont l'herbe solitaire ensevelit la gloire.
. . . .

La terre maternelle et douce aux anciens Dieux
Fait, à chaque printemps, vainement éloquente,
Au chapiteau brisé verdir un autre acanthe ;
. . . .

C'est le propre de ces belles inspirations d'ouvrir le champ à toutes réflexions philosophiques ; et ne semble-t-il pas que nous assistions même à la destruction continuelle de ces temples, dont le temps a fait des ruines qui disparaîtront à leur tour ? Car, si nos yeux, si nos oreilles étaient de matière assez sensitive, nous verrions, nous entendrions l'émiettement continuel, incessant, éternel, de toutes choses matérielles et même de celles que nous croyons immatérielles ; tout est dans notre monde instrument de destruction, et le vent le plus doux passant sur un monument soi-disant impérissable, qu'il soit de marbre ou de bronze, en emporte un peu de poussière ; travail de toutes les secondes, travail sans repos, anéantissant avec une majestueuse lenteur, parce qu'il a l'éternité devant lui. Belle et vraie poésie que celle qui sait entraîner un instant l'esprit hors du cercle où tourne la terre.

Avant de conclure, je ne résiste pas à transcrire ce magnifique sonnet sur Antoine et Cléopâtre, qui a déjà fait le tour du monde littéraire :

Tous deux ils regardaient, de la haute terrasse,
L'Egypte s'endormir sous un ciel étouffant
Et le Fleuve, à travers le Delta noir qu'il fend,
Vers Bubaste ou Saïs rouler son onde grasse.

Et le Romain sentait sous la lourde cuirasse,
Soldat captif berçant le sommeil d'un enfant,
Ployer et défaillir sur son cœur triomphant
Le corps voluptueux que son étreinte embrasse.

Tournant sa tête pâle entre ses cheveux bruns
Vers celui qu'enivraient d'invincibles parfums,
Elle tendit sa bouche et ses prunelles claires ;

Et sur elle courbé, l'ardent Imperator
Vit dans ses larges yeux étoilés de points d'or
Toute une mer immense où fuyaient des galères.

Je m'arrête avec le regret de ne pouvoir citer d'autres pièces qui se recommandent par des qualités de tout autre ordre ; de splendides descriptions telles que l'*Ancêtre*, *A un fondateur de ville*, poésies pleines de fougue et de virilité, qui n'ont de comparable que la grâce des imitations d'Horace et la sévérité des grandes échappées sur la mer de Bretagne.

Le talent de M. de Heredia est surtout descriptif ; parnassien quand même, c'est moins son personnage, ses sentiments, ses mouvements d'âme qu'il étudie que les objets qui l'entourent ; ce n'est pas un rêveur, un « pleurard à nacelles », comme disait Musset, c'est avant tout un peintre qui s'est donné pour mission de reproduire exactement ce qu'il voit ; heureusement pour lui, la nature lui a prodigué la puissance de la couleur en même temps qu'elle l'a muni d'un œil fidèle, et c'est ce double don qui nous vaut une si belle suite d'œuvres d'art. Bien qu'il soit avant tout respectueux des belles traditions de notre poésie, M. de Heredia a la rare fortune de plaire aux poètes de l'école nouvelle, quoique il ait toujours combattu leurs essais de démolition du vers français. Sa place est auprès de Leconte de Lisle, qu'il n'a pas imité, mais dont il peut être considéré comme un brillant élève.

A vrai dire, à côté de ces étonnantes descrip-

tions, de ces richesses de verbe et de forme qui étincellent à chaque page des *Trophées*, je voudrais trouver un peu plus l'humanité ; certes, si, se repliant un jour sur lui-même, M. de Heredia, écoutant son cœur, voulait nous dire les joies et les douleurs qu'il a dû connaître et sur lesquelles il s'est tu jusqu'à présent, nous aurions, comme frère du beau livre qu'il vient de nous donner, un autre beau livre qui serait ce qu'est l'être animé à côté de l'œuvre d'art par excellence. Mais à quoi bon oublier le bien qu'on a pour celui qu'on n'a pas? Les *Trophées* suffisent pour prouver que nous avons en M. de Heredia un poète vraiment français, et puis, comme dit La
« Bruyère : Quand une lecture vous élève l'esprit,
« vous inspire des sentiments nobles, ne cher-
« chez pas une autre règle pour juger de l'ou-
« vrage : il est bon et fait de main d'ouvrier. »

V

F. COPPÉE

Mon franc parler

L'indignation, qui fait faire des vers aux poètes, leur inspire aussi de la prose, témoin le livre que François Coppée vient de publier, et auquel il a donné pour titre : *Mon franc parler*. Non pas que cet ouvrage soit un réquisitoire contre l'humanité, comme il est à la mode d'en écrire ; non pas qu'il ait pour but de fustiger les vices, ce passe-temps inutile des chroniqueurs sans sujets d'articles ; non, c'est tout simplement un recueil de ces impressions que Paris produit à toute heure du jour et dans lequel les défauts, les péchés véniels ont seuls leur place ; les vices n'ont pas l'honneur d'y entrer.

L'homme qui peut intituler aujourd'hui un livre : *Mon franc parler,* est un homme rare et heureux : car il n'y a rien de plus difficile que d'oser dire la vérité, en matière de critique littéraire surtout. Comment être toujours juste et exprimer exactement ce qu'on pense d'un écrit quand on connaît l'écrivain, qu'il est votre ami ou tout au moins qu'on lui serre la main chaque semaine à une première ou à un enterrement ? Quelques critiques s'en tirent en étant à la fois débonnaires et cruels, débonnaires pour ceux dont ils redoutent la réplique, cruels pour les amis de qui ils n'ont rien à craindre. Ces deux opérations constituent, il est vrai, deux petites lâchetés, mais un écrit dure si peu et on oublie si gentiment à Paris !

C'est pourquoi je loue, sans restriction, Coppée d'avoir trouvé moyen d'user de son « franc parler » et d'avoir, une fois de plus, prouvé que l'esprit, cet ingrédient français par excellence, savait accommoder toutes choses. Une cinquantaine de nouvelles, de récits, de critiques, composent : *Mon franc parler* ; je n'essaierai pas de les analyser et d'en faire ressortir la logique et la bonne humeur ; je me contenterai, comme par le passé, d'en donner un fragment qui permettra d'apprécier la liberté d'allure de l'ensemble du volume. Le hasard me fait tomber sur un chapitre intitulé *Miousic* et qui intéresse les gens de sport musical :

C'est en tremblant presque, parole d'honneur ! que je prends aujourd'hui la plume, et je sens que je vais m'exposer aux plus grands périls. Mais tant pis ! J'ai besoin de déclarer que le débordement de snobisme auquel nous assistons depuis la représentation de la *Walkyrie* me porte furieusement sur les nerfs.

Une fois lancé, Coppée ne s'arrête plus :

Eh bien, convenez que les partisans de Vagner sont très forts ; car ils sont arrivés à convaincre une bonne part du public français qu'elle comprenait et qu'elle aimait cette musique-là, bien plus, qu'elle n'en aimait et n'en comprenait plus d'autre ! Bien sûr, c'est faux, archifaux. Il ne serait pas plus déraisonnable d'exiger d'un élève des écoles primaires la solution d'un problème de hautes mathématiques. Soyez persuadés que, sur dix auditeurs qui font des yeux de carpe pâmée, dans ce moment-ci, à la *Walkyrie*, il y en a neuf qui n'y entendent goutte et qui s'ennuient à vingt francs l'heure. Mais personne ne bronche. C'est une véritable terreur. L'admiration ou la mort ! et pas une réserve, pas une hésitation, vous savez, si vous ne voulez pas être traité comme un Philistin abject et ridicule.

. . . .

Et nous nous roulons devant Wagner. Nous faisons pour lui ce que nous n'avons fait pour aucun de nos génies nationaux. Nous ne permettons pas la discussion sur son compte, nous l'acceptons tout entier, les yeux fermés, comme un dogme.

. . . .

Naguère, c'était Tolstoï, qui, à lui tout seul, avait inventé la pitié ; et devant le Raskolnikoff de Dostoïewski embrassant Sonia la prostituée, nous ne nous sommes pas même souvenus du baiser de Jean Valjan à Fantine morte, Victor Hugo ayant le tort de n'être pas Russe. Hier, nous étions de feu pour les drames d'Ibsen, où je sens bien de la puissance, mais qui, de bonne foi, sont tout de même informes et obscurs. Aujourd'hui, les rêveries vaguement atroces de Nietzche nous passionnent, et nous avons, grâce à lui, quelques anarchistes de salon. Depuis de longues années déjà, nous suivons avec peine, chez quelques poètes, les ravages d'une sorte de maladie de nos rythmes et de notre langage, et, là encore, nous reconnaissons une influence étrangère. Car rien de tout cela n'est latin, n'est français, ne jaillit de notre sol, de notre inspiration nationale. Une brume germanique nous envahit et nous conquiert, et j'en suis désolé. Que voulez-vous ? Je n'aime pas ce vent d'Est.

Enfin voilà un homme qui ne cache pas ce qu'il pense ! Coppée est un brave, il n'aime pas le vent d'Est et il le crie. Combien sont du même avis qui n'oseraient pas le murmurer seulement !

VI

LUDOVIC HALÉVY

Mariette

Un rien de Ludovic Halévy est encore quelque chose ; voici une petite nouvelle : *Mariette*, écrite avec cette simplicité de récit, cette petite mise en scène si familière à l'auteur de *Madame et Monsieur Cardinal,* d'où se dégage tout l'esprit d'un milieu, d'une situation. Et que de vérités dans l'histoire de cette Mariette, danseuse de l'Opéra, entretenue par un prince, et allant en grand équipage embrasser sa mère, fruitière aux Batignolles ! On mange des nèfles, on potine, on parle du prince, et rien n'est plus drôle que de voir les cancans du grand monde livrés par cette belle fille élégante à cette grosse maman, qui, tout en l'écoutant, relie des bottes de carottes ou épluche des haricots verts.

Je ne veux pas raconter cette nouvelle si complète dans sa petite proportion, mais je signale surtout la scène vraiment curieuse où la maman de Mariette, qui a emmené avec elle à l'Opéra, grâce à des billets de faveur, une petite bonne arrivant du Périgord, lui fait admirer les splendeurs de la mise en scène de *Yedda*, le grand ballet japonais de Métra, et lui montre et lui raconte le grand monde qui s'étale dans les loges. «— Oh! madame Bichon!» dit à chaque révélation la petite bonne, ouvrant des yeux arrondis par l'étonnement. Tous ces récits de maris qui trompent leurs femmes et de femmes qui le leur rendent bien, bouleversent les idées de la Périgourdine qui n'a qu'une exclamation : «Oh ! madame Bichon ! » Mme Bichon, qui est pour la vérité, affirme à la candide Ursule que si l'on se donnait un peu la peine de chercher dans son Périgord, on y trouverait des choses pareilles.

— « Mon Dieu, c'est vrai », répond-elle. Ainsi, « là-bas, dans la maison où j'étais avant de venir « à Paris, chez un notaire... un brave homme... « une des plus vieilles familles du pays... il y a « deux cents ans qu'ils sont notaires de pères en « fils, et pas un n'a *encore* pris un sou à per- « sonne... eh bien ! ce brave homme, sa femme « le trompait tant qu'elle pouvait.... et avec qui ? « avec le sous-préfet. Et il changeait tous les six « mois, le sous-préfet ! »

Elles continuent à philosopher toutes les

deux, Ursule et madame Bichon, pendant que les splendeurs de *Yedda* se déroulent à leurs yeux Elles remontent ensuite, à pied, vers les Batignolles, et le long du chemin, la fruitière, avec sa connaissance du grand monde et du cœur humain, achève d'expliquer à la Périgourdine ce que c'est que la haute société parisienne.

Et plusieurs fois des passants étonnés s'arrêtent et se retournent, en entendant la petite bonne pousser ce cri, toujours le même :

— Oh ! madame Bichon ! oh ! madame Bichon !

Telle est la fin de cette petite nouvelle que M. Ludovic Halévy a peut-être écrite en une matinée et qui fait partie d'un ensemble de trente ans d'observations de ce monde tout spécial de l'académie nationale de musique et de danse surtout.

VII

GEORGES OHNET

Le lendemain des amours

Ce n'est plus dans le monde bourgeois, c'est dans celui des cocottes et des petites demoiselles du Conservatoire qui tournent mal, que nous promène *Le lendemain des amours*, roman de M. Georges Ohnet. Un garçon qui vit avec une maîtresse dont l'âge est deux fois sien et dont l'amour est doublé de soins maternels, une fille de vingt ans qui le lui enlève et le lui rend ruiné, la femme sacrifiée reprenant son amant et, pour le garder, lui donnant elle-même une maîtresse, voilà en gros la fable du roman. M. Ohnet a le don de l'intérêt, et son livre se lit aisément, ce qui n'est pas le cas de tous. Quelques-uns lui refusent absolument le don d'observer, parce qu'il ne s'est pas posé en faiseur d'études, c'est un tort, et je trouve dans *Le lendemain des amours* des caractères très vrais, entre autres celui du père de la petite du Conservatoire, ancien chef de bureau décoré, sorte de M. Cardinal, qui a conservé l'aspect bourgeois, et vit carrément de l'inconduite de ses deux filles, comme il a vécu de celle de sa défunte épouse. Tout le monde a connu au moins une fois dans sa vie un de ces personnages dont la grande vie étonne, en raison des faibles ressources qu'on leur sait. M. Roussel est de ceux-là :

> Madame sortait à des heures régulières, rentrait toujours avant dîner, et ne sortait le soir qu'avec son mari. Il devait être fortement protégé, car à partir de son mariage il eut toujours de l'avancement.
>
> Quelque temps après la naissance de Julie, sa seconde fille, il fut même décoré. Cet homme-là serait peut-être arrivé au Conseil d'Etat, si sa femme avait vécu. Malheureusement, elle mourut à trente ans, dans toute sa beauté, et, chose singulière, quand M. Roussel se présenta à l'administration des Pompes funèbres pour payer les frais des funérailles, ils étaient déjà acquittés. Il ne chercha pas à éclaircir ce mystère. Intérieurement il loua l'ordre de cette épouse admirable, qui avait tout prévu, même la mort, et il rentra chez lui, le cœur plein d'appréhension, encore plus que de douleur. Dès le lendemain, il se livra sur l'économie domestique à d'amères réflexions, en s'apercevant qu'il n'avait pas, pour diriger son ménage d'une façon florissante, le même secret que sa femme.
>
> Il se connaissait des protecteurs, il alla les solliciter, et eut la grande surprise, au lieu d'être reçu avec empressement, d'avoir à faire antichambre. L'accueil cor-

dial qu'il attendait fut de glace. De grandes lamentations sur le malheur qui le frappait, des regrets émus sur la perte de sa ravissante compagne, mais aucune offre de services, et, à ses demandes fort nettes, des réponses extrêmement vagues. Il retourna chez lui maussade, rudoya ses filles, mit la femme de confiance à la porte, parce qu'elle s'était permis une observation, et eut l'ennui d'entendre cette subalterne, qui connaissait les dessous de son intérieur, lui verser, en un langage effroyable, toutes les immondices cachées de sa vie conjugale.

Il eut ainsi la confirmation de ce qu'il savait bien, mais eût préféré qu'on ne lui dit pas, en face surtout, que sa femme le trompait avec un tel, un tel et un tel, que c'était celui-ci qui payait la cuisine, celui-là la couturière, que le père de son aînée était le sénateur et celui de la cadette le conseiller, que les chemises qu'il avait sur le corps avaient été payées par Madame à la sueur de son front, qu'il était un pas grand'chose et qu'après tout, quand on avait vécu de la débauche des gens, on ne se donnait pas des airs de sévérité.

Il mit cette mégère à la porte par les épaules.

Le portrait est vivant, peint avec esprit et légèreté, c'est pourquoi j'ai cru devoir le sortir de son cadre pour un instant ; il y fait encore meilleur effet et c'est là qu'il faut l'aller voir.

VIII

DANIEL LESUEUR

Justice de femme

L'idée de *Justice de femme*, que Daniel Lesueur, un romancier en crédit près des lecteurs, vient de publier, est justement que les femmes ont souvent tort de se faire justice. Aussi bien, la peine du talion qu'elles prétendent infliger à l'époux infidèle a-t-elle généralement l'inconvénient d'atteindre le juge-exécuteur en même temps que le coupable ; ce n'est pas en se barbouillant de boue qu'une femme ferait disparaître la marque d'un ridicule bien problématique dont la frapperait la légèreté ou l'inconduite de son mari. Il n'est ici question que d'amour-propre, car, au cas où une femme née honnête aime sincèrement un homme, son désespoir peut la porter à toutes les extrémités, excepté à celle-là. Pour ma part, je crois bien que celles qui pratiquent ce genre de vengeance, qui renferme quelque douceur, eussent toujours fini par y avoir recours, même sans avoir à se venger ; en principe, celle qui s'écrie : « Si telle chose m'arrivait, je me donnerais au premier venu ! » a déjà prudemment songé à choisir ce premier venu.

Mais, dans *Justice de femme*, nous avons affaire à l'exception de ces gourmandes de vendettas, à une honnête femme qui a épousé un grand compositeur (c'est toujours un danger !) et qui, apprenant qu'en tournée de triomphes, son mari a profondément flirté avec une divette, choisit pour instrument de sa vengeance un beau garçon, collaborateur de son mari. La collaboration devient complète, à ce point qu'un matin, le brave homme de compositeur, car c'est un fort brave homme, compte un enfant de plus, un fils dans sa famille.

C'est ici que le roman prend pour moi toute son importance ; comment la femme a tourné, hésité, au bord du gouffre de l'adultère, comment elle s'y est précipitée, c'est là que s'est montrée l'habileté, le talent d'observation du romancier ; mais tout à coup le récit change de ton et grandit à partir du moment où l'enfant vient au monde. Le père lui donne sa part d'amour comme aux autres, et plus le caractère du mari trompé s'élève, plus la femme se sent abaissée, car elle doit rougir de ce qui fait l'orgueil de toutes, de sa maternité.

C'est là, je le répète, qu'est véritablement le livre de Daniel Lesueur. L'enfant grandit, est mis au collège et meurt. Du coin de sa fenêtre, derrière son rideau, à travers ses larmes, la coupable regarde passer dans la rue le petit enterrement et voit derrière le cercueil deux hommes qui pleurent, deux pères ! La scène est si vraie, si émouvante, que l'étrangeté de la situation disparaît. Frappée au cœur, elle va mourir, quittant ce monde qu'elle a si mal compris, mais donnant à sa fille agenouillée près de son lit une leçon d'honneur, elle qui meurt pour n'avoir pas su défendre le sien.

IX

F. HEROLD

Chevaleries sentimentales

Sous ce titre : *Chevaleries sentimentales,* M. Ferdinand Hérold publie à la librairie de l'Art indépendant, un recueil de vers qui me semble résumer toutes les tendances des poètes d'une école qui, pour être contestée, n'en est pas moins existante. La vérité, c'est que nous sommes étonnés, nous qui admirons, depuis Mathurin Régnier jusqu'à Victor Hugo, tous ceux qui ont su faire tenir de si charmantes, belles et grandes idées dans la forme du vers français, de voir qu'il n'est question de rien moins pour ceux qui veulent la rénover que de la détruire dans toutes ses parties ; pauvre vers, on lui retire non seulement la rime, lui accordant parfois comme remplaçantes de lointaines consonances et assonances, mais on lui enlève ses césures et on lui permet de s'étendre indéfiniment, sans se soucier du nombre de pieds qu'il acquiert en marchant ! Voici, par exemple, un quatrain :

Les Vierges pâles, les Vierges frêles sont très lasses d'a-
[voir chanté
Et les voix amicales qui venaient de chanter se sont
[tues ;
Dans le ciel lourd et gémissant ne brille plus nulle
[clarté ;
Oh ! les étoiles, les frileuses que les vents d'hiver tuent.

Il est vrai que M. Hérold n'a pas composé son livre uniquement de vers qui, pour les fidèles du vers classique, ne sont point des vers, et que, quelques pages plus loin, je trouve cet autre quatrain, le premier d'un sonnet :

> Dans l'air frémit le vol roux
> Des bourdonnantes abeilles ;
> Des parfums légers et doux
> Rient aux fleurs de nos corbeilles.

Il est vrai aussi que le quatrain suivant est ainsi composé :

> Le paon étale au soleil
> L'émeraude de sa roue
> Que la lumière en éveil
> Pointe d'or quand elle y joue.

Comme on le voit, ce second quatrain ne rime avec le premier que pour l'oreille. Qu'on ne m'accuse pas d'indulgence pour le petit-fils du musicien de génie qui nous a donné le *Pré aux clercs,* mais je ne me suis pas senti assez indigné en constatant cette hardiesse. Le sonnet est bien venu, harmonieux, et mon avis est qu'en art il faut beaucoup, sinon tout, passer à ce qui vous a charmé, serait-ce par surprise.

J'ai lu aussi de M. Hérold, en prose inattaquable par exemple : *Quelques notes sur la Patrie et le Patriotisme,* dans la revue intitulée : *Entretiens politiques et littéraires ;* là, ce n'est pas la forme qui m'a étonné, mais le fond. J'admets bien qu'au point de vue philosophique, des frontières soient des obstacles puérils, mais je pense aussi que ce n'est pas quand la force brutale nous les a ainsi réduites que nous pouvons proposer de les supprimer ; il n'est permis qu'aux vainqueurs de parler de concessions. Et puis, le nom de M. Hérold me rappellera toujours involontairement ce vers, médiocre, il est vrai, mais qu'une divine mélodie enveloppe de son or :

Rendez-moi ma patrie, ou laissez-moi mourir !

Vieux jeu, je le sais, mais beau jeu !

X

RENÉ BAZIN

Madame Corentine

Voici un livre plein d'émotion sincère, de grâce sans afféterie, écrit, sans préoccupation d'école, dans une grande pureté d'idées et de langue, un roman qui nous semble annoncer un romancier. L'auteur de *Madame Corentine*, M. René Bazin, a déjà été signalé aux lecteurs du *Figaro*, notamment quand il a publié la *Tache d'encre* et *Ma tante Giron*; ce n'est donc point un inconnu, mais il me semble qu'il n'avait pas encore donné sa note, et que *Madame Corentine* peut être un livre significatif dans sa vie littéraire.

Deux époux divorcés, réconciliés par leur fille, tout le roman est là, et c'est plaisir de la voir arriver à son but, n'ayant pour agents diplomatiques que son bon vouloir et sa naïveté. Ajoutons, pour étonner les habitués du roman moderne, que cette Simone, la fille de Mme Corentine, est très bien portante, franchement jolie, et que ni l'hystérie, ni l'hypnotisme, ni les « états d'âme angoissée », ni les vilaines nervosités qui relèvent de la Salpêtrière, et qui sont présentement le bagage obligé de toute héroïne de roman, n'ont rien de commun avec elle. On ne craint pas de voyager avec une jeunesse aussi saine, et c'est plaisir de la suivre où sa gentillesse et son cœur nous conduisent.

Le roman, très bien construit, est rempli d'épisodes touchants ou dramatiques ; je citerai une très belle scène où la femme d'un marin (l'action se passe en Bretagne) apprend, en mal d'enfant, la nouvelle probable de la mort de son mari dans un naufrage ; pas de grands cris, mais ces mots mêmes que la nature fournit à la douleur ; là où un lourdeau se fût appesanti sur les détails d'un accouchement, eût écrit des variations macabres sur ce deuil, eût joué du cadavre, M. René Bazin a parlé avec un rare tact, en ne disant que ce qu'il fallait dire, ne voulant provoquer d'émotion que par des moyens de bon aloi.

Entre autres épisodes, je signalerai celui où l'auteur nous montre la divorcée qui, au bout de plusieurs années, veut revoir son mari ; elle sait que celui-ci doit passer devant la maison où elle a été recueillie, dans l'espoir d'y apercevoir sa fille :

Passerait-il? Oh! maintenant elle savait bien qu'il n'y aurait pas de scène, pas de tentative pour emmener Simone. Il avait vu l'enfant. Et il n'avait rien fait pour se montrer à elle, rien qu'un pas, d'instinct. Puis il s'était arrêté. Malgré elle, Mme Corentine lui était reconnaissante. Il avait agi en galant homme. Assurément la tentation avait été forte... Quel visage triste!... Quelle vie ce devait être à Lannion... la sienne, à elle... et, plus vide encore, sans enfant, sans rien...

Chose étrange, en partant de Jersey, la seule préoccupation qu'elle avait eue, c'était de garder sa fille; elle n'avait songé qu'à Simone. Sa propre situation lui était à peine apparue. Et si elle avait un instant prévu la possibilité d'une rencontre avec M. l'Hérée, c'était avec un sentiment si vif de ses rancunes et de ses droits, qu'elle n'en avait pas éprouvé la moindre émotion pour elle-même. A présent, depuis une heure, elle se sentait envahie par un trouble nouveau. Malgré son effort, elle ne retrouvait plus cette belle indifférence, ou ce mépris, faciles de loin...

Les pèlerins défilaient, et l'ombre tombait.

Allait-il, comme les autres, suivre le quai, sans lever les yeux vers le logis enfoncé entre les maisons neuves? Peut-être il était déjà passé, dans quelqu'une des voitures d'étrangers, vite disparues. Que lui importait donc?..Elle se le demandait. Elle se disait qu'elle serait plus tranquille lorsqu'il aurait quitté Perros, et que c'était son devoir de mère de veiller encore, à cause de Simone. Et elle avait la conscience intime qu'elle se mentait à elle-même. Et elle restait la tête ardente sur la vitre que le vent secouait.

Dans cette inquiétude de tout son être, Mme Corentine, l'oreille tendue aux bruits du dehors, entendit le pas rapide d'un cheval lancé sur la pente du haut Perros, et qui se ralentissait en place droite, sur le port. Elle eut la certitude que cela devait être sa voiture, à lui. Elle ne laissa plus qu'une mince bande de rideau soulevée. Elle s'écarta un peu. Et un cabriolet tendu de bleu, qu'elle connaissait bien, longea l'extrémité de la petite place, lentement. Il s'arrêta une seconde. Une tête brune et forte se pencha en dehors, et regarda les deux fenêtres l'une après l'autre. Puis un coup de fouet, le cheval s'emballa, et continua vers le tournant de Saint-Quay.

Alors deux larmes jaillirent des yeux de Mme Corentine. Devant cette douleur muette et maîtresse d'elle-même, devant se souvenir silencieux accordé à Simone, à elle peut-être, son cœur se fondit. Elle pleura. Elle s'enfonça dans le fauteuil, tournant le dos à la fenêtre, et elle se sentit misérable. Simone lui parut comme un jouet qui occupait et qui ne remplissait pas sa vie. Tout le factice, tout le convenu de son existence, qu'elle n'avait jamais voulu voir, éclatait à ses yeux, malgré elle, avec une évidence affreuse ; et ce mensonge perpétuel qu'elle s'était fait à elle-même pour se persuader qu'elle était heureuse, qu'elle aurait la paix désormais, comme tout cela s'était écroulé en une minute, ou plutôt, comme elle voyait bien que tout cela n'avait jamais existé, que son cœur était vide, qu'elle avait perdu quelque chose que rien ne remplacerait jamais, jamais ! Elle demeurait là, pleurant, sans un effort de volonté, sans un remords et sans un projet, dans la contemplation du sort digne de pitié qui était le sien, et de l'ironie de ces séparations. Entre elle et cet homme qui venait de passer, il y avait un arrêt de justice, il y avait le temps, l'opinion, les ressentiments aigris par l'éternelle méditation des torts de l'autre. Ils ne s'aimaient plus. Et cependant, pour l'avoir seulement revu, elle éprouvait la même impression d'abandon que dix ans plus tôt ! Rien n'était changé. « Comme j'ai eu tort de quitter Saint-Hélier ! » pensait-elle.

— Maman, cria Simone, grand-père vous attend pour dîner. Vous avez dû écrire une bien grande lettre, là-haut !

Elle épongea rapidement ses yeux, et descendit.

Il y a aussi de charmantes scènes de détail, d'observation. De jolis mots en plus, celui de ce vieux marin qui a passé une nuit à maudire l'Océan qui, croyait-il, lui avait pris le mari de sa fille dans les soulèvements d'une effrayante tempête. Tout s'est apaisé, la tempête est tombée et le marin apprend que celui qu'on pleurait est vivant. — « On m'a entendu dire du mal de la mer « ces jours-ci, dit-il, un peu honteux, en la regar- « dant, mais je ne pense pas tout ce que j'ai « dit. »

Le dénouement qui ramène la femme dans les bras du mari est indiqué avec une grande délicatesse de sentiment.

XI

V. CHERBULIEZ

Le secret du précepteur

En annonçant un nouveau roman de M. Victor Cherbuliez, on a toujours chance de signaler un livre de bon goût qui ne provoque que de saines émotions, ne s'adressant qu'au meilleur du cœur et de l'esprit des lecteurs. *Le secret du précepteur* est de ceux-là, et je me demande qui ne serait charmé au récit de la vie de ce pauvre diable de professeur, portant la plus belle âme du monde sous la plus laide enveloppe corporelle qu'on puisse imaginer, et aimant, dans toute l'honnêteté de son cœur, une de ses élèves. Jamais son secret ne sortira de sa bouche, il sera le malheur et le bonheur de sa vie qu'il consacrera à celle qu'il aime, sans que celle-ci ait pu deviner les tortures que cache le dévouement respectueux qui la suivra et la protégera toujours

Je ne raconterai pas le roman, mais je signalerai une scène tout à fait charmante qui en amène le dénouement. L'élève adorée est mariée et, disons-le, fort négligée par son mari, un homme d'esprit faible, gouverné par sa famille et qui, pour ne pas troubler sa vie, s'est décidé à l'indifférence. Le pauvre professeur, qui voit où un tel abandon peut conduire son élève chérie, veut à tout prix la sauver, la forcer à revoir son mari qu'elle a à peu près délaissé. — Vous lui affirmeriez que je le trompe, qu'il ne viendrait seulement pas ! dit, en une charmante page, la jeune femme ; faites-en l'essai et écrivez-lui ceci. Et elle lui dicte une lettre qui ferait prendre immédiatement le train au plus indifférent des maris. Chose imprévue, cette fois le mari s'est réveillé, et le voilà qui arrive au moment où Monique est enfermée avec son professeur ; la jeune femme se garde bien de lui ouvrir :

« Il faut qu'il sache que nous sommes deux. Dites-moi des douceurs, en déguisant votre voix. »

L'épreuve était au-dessus de mes forces ; le secret que je gardais depuis près de trois ans m'échappa subitement, mon cœur se serait brisé s'il avait porté deux minutes de plus son fardeau.

« Dites-moi des douceurs », répétait Monique.

Je me laissai glisser à ses pieds, et je lui récitai le vers du vieux poète :

« Je meurs de soif auprès de la fontaine. »

Je m'emparai de ses mains, je relevai la manche de

sa robe, je couvris son bras droit de baisers et il me sembla que mes lèvres ne pourraient jamais se détacher de cette peau fine et tendre. Elle se dégagea, j'appuyai ma tête sur ses genoux et j'y collai ma bouche.

« Je vous aime à la folie, balbutiais-je. Comment ne l'aviez-vous pas deviné ? »

Elle me repoussa, mais sans violence, sans colère. Elle me força à relever la tête, à la regarder, et mon visage lui prouva que je disais vrai. Le sien n'exprimait pas le mépris, mais un étonnement ironique et chagrin, qui ressemblait à une douce gronderie. Elle avait l'air de dire : « Est-ce bien vous qui me parlez ? Je vous croyais un autre homme. » Tout à coup on frappa une fois, deux fois, on essayait d'ouvrir. Elle revint à elle, et par un geste impérieux, m'enjoignit de me réfugier dans la pièce voisine, où je courus cacher ma honte.

La scène est charmante et je me garderai bien d'en donner la fin qui est aussi celle de ce livre écrit avec autant de charme que de bon goût.

XII

ANATOLE FRANCE

La rôtisserie de la Reine Pédauque

La rôtisserie de la Reine Pédauque est le livre d'un philosophe-poète et d'un romancier érudit. Avec une bonne humeur soutenue, dans la langue de Pangloss, l'auteur, tout en racontant une aventure, l'odyssée d'un tourneur de broche qui a passé au service d'un cabaliste, goûté à la vie des débauchés du dix-huitième siècle et fini par devenir libraire, nous initie aux rêves étonnants de ces amis des sylphes et des salamandres que l'on croirait plutôt contemporains de Nicolas Flamel que du financier Law. Conteur parfait, M. Anatole France a donné, cette fois, toute liberté à la fantaisie, et l'a suivie en historiographe, relatant en termes exquis toutes les aventures que le hasard mettait au travers de son chemin. Raconter un pareil livre est à peu près chose impossible ; car, pour l'analyser, il faudrait le prendre chapitre à chapitre et briser le lien insensible des transitions ingénieuses qui les rattache les uns aux autres ; le charme du récit est tel, en effet, que l'action constamment diverse semble une, et que l'on est tout étonné, au bout d'un voyage qui paraît fort court, du nombre des étapes qu'on a faites.

C'est que le détail est partout captivant, et que l'auteur, un peu à la façon des habiles prestidigitateurs qui, en vous parlant, détournent votre attention du petit miracle qu'ils préparent, en une phrase, en trois mots qui semblent n'être là que pour être agréables, a effectué une évolution ou posé un trait caractéristique. Quoi de plus charmant que ces quatre lignes qui nous montrent à la fois la bonté du père et de la mère de notre héros ? En l'endormant, son père lui racontait des histoires :

... Et il riait très fort. Je riais aussi en m'endormant, ma mère affirmait que ce sourire restait encore sur mes lèvres le lendemain matin.

Plus loin, cette remarque du jeune rôtisseur qui va devenir homme du monde, ou à peu près et qui voit étalée sa première toilette :

En donnant un regard à nos meubles, je vis, étendu sur le lit, un habit gris, une culotte assortie, un chapeau et une épée. Sur le tapis, des souliers à boucles se tenaient gentiment accouplés les talons réunis et les pointes séparées, comme s'ils eussent d'eux-mêmes le sentiment du beau maintien.

Viennent les recommandations pour se bien tenir à la table des grands.

... Songez, me dit mon bon maître, songez pendant le repas à suivre tous mes mouvements, afin de les imiter. Ayant mangé à la troisième table de Mgr l'évêque de Seez, je sais comment m'y prendre. C'est un art difficile. Il est plus malaisé de manger comme un gentilhomme que de parler comme lui.

Notre rôtisseur se trouve chez un maître cabaliste, M. d'Astarac qui, entre ses mille et un rêves, lui prédit la perfection inévitable du corps humain par l'étude des sciences ; on ne se nourrira plus que de métaux et de minéraux traités convenablement par des physiciens :

N'étant plus appesantis par de lentes digestions, les hommes seront merveilleusement agiles ; leur vue deviendra singulièrement perçante, et ils verront des navires glisser sur les mers de la lune. Leur entendement sera plus clair, leurs mœurs s'adouciront. Ils s'avanceront beaucoup dans la connaissance de Dieu et de la nature.
Mais il faut envisager tous les changements qui ne manqueront pas de se produire. La structure même du corps humain sera modifiée. C'est un fait que, faute de s'exercer, les organes s'amincissent et finissent même par disparaître. On a observé que les poissons privés de lumière devenaient aveugles ; et j'ai vu, dans le Valais,

des pâtres qui, ne se nourissant que de lait caillé, perdent leurs dents de bonne heure ; quelques-uns d'entre eux n'en ont jamais eu. Il faut admirer en cela la nature, qui ne souffre rien d'inutile. Quand les hommes se nourriront du baume que j'ai dit, leurs intestins ne manqueront pas de se raccourcir de plusieurs aunes, et le volume du ventre en sera considérablement diminué.

— Pour le coup ! dit mon bon maître, vous allez trop vite, monsieur, et risquez de faire de mauvaise besogne. Je n'ai jamais trouvé fâcheux que les femmes eussent un peu de ventre, pourvu que le reste y fût proportionné.

C'est une beauté qui m'est sensible. N'y taillez pas inconsidérément.

Je ne suivrai pas notre jeune homme partout où il va ; je traverse avec lui un vieux parc bordé de statues de marbre qui sourient, sous les mousses, « sans rien savoir de leur ruine » ; je l'abandonne aussi chez des demoiselles du temps, cousines charmantes de Manon ; l'une d'elles voit tuer un homme pour ses beaux yeux et, sans méchanceté, naïvement, se contente de répondre à celui qui lui reproche ce meurtre : « Croyez-vous qu'il soit si facile d'être jolie fille « sans causer de malheur ? » Charmante créature qui pratique l'honnêteté à sa façon et qui, pressée par notre garçon, le repousse un peu, en lui disant : « Je veux bien donner de la ja- « lousie à mon amant, mais avec délicatesse. »

Je m'arrête, mais non sans citer cette charmante repartie de la bourgoise, mère de notre jeune rôtisseur, à qui l'on affirmait que sainte Marie l'Egyptienne avait, par piété, n'ayant pas d'argent, offert son corps à un batelier pour passer un lac :

— Je pense, dit-elle, qu'il faut être aussi sainte qu'elle pour en faire autant sans pécher. Aussi ne m'y risquerai-je point.

Tout le livre est sur ce ton aimable et léger et ce n'est pas sans raison qu'en le feuilletant on croit percevoir dans le bruit de ses pages comme le murmure de lointaines conversations, avec des éclats de gaîté et de logique française. Est-ce le curé de Meudon, sont-ce des petits abbés, des roués, des littérateurs de la Régence, des échos de Ferney, on ne sait, car tout ce monde parle ensemble, mais c'est un bruit bien agréable et dont nos téléphones, théâtrophones, si perfectionnés qu'ils soient, sont encore loin de nous donner idée. Pourquoi les savants de la *Reine Pédauque* sont-ils morts ? ils nous préciseraient tout cela par la voix de M. Anatole France.

LITTÉRATURE HISTORIQUE

PHILOSOPHIQUE ET DOCUMENTAIRE

I

A. DE TOCQUEVILLE

Souvenirs

Le grand intérêt des *Souvenirs d'Alexis de Tocqueville* que le comte de Tocqueville vient de faire paraître, est surtout dans le récit des faits qui ont amené ces deux catastrophes politiques : la Révolution de 1848 et les Journées de Juin qui l'ont suivie. A côté d'événements graves, M. de Tocqueville a crayonné des croquis de personnages, de détails caractéristiques, qui rendent la lecture du volume légère, en sorte que de ces notes, dont la plupart ont été écrites en hâte, se dégage un livre d'histoire facile à lire, chose rare s'il en fut.

Je ne pénétrerai pas dans la partie profonde de l'ouvrage, ce serait toute une étude à faire, mais je signalerai, en tournant les pages, les faits, les appréciations qui sortent comme spontanément du texte. Voici, par exemple, un mot, sans signification quand il fut dit par le roi Louis-Philippe, et que son départ, en février, souligne singulièrement. Le Souverain parlait avec M. de Tocqueville des mariages espagnols et de l'opposition qu'y faisait la Reine. « — La « Reine m'en veut beaucoup, dit-il, et se montre « fort irritée, mais après tout, ajouta-t-il, ces « criailleries ne m'empêcheront pas de *mener* « *mon fiacre* ! » Qui ne pense en lisant ces trois mots aux vers de Théophile Gautier, parlant de

> ... L'Obélisque heurté du fiacre
> Emportant le dernier des Rois !

Puis viennent les fameux banquets, l'agitation entretenue par des passions *aveugles* ou *ennemies*. On a beaucoup reproché ces deux adjectifs à Louis-Philippe ; on avait tort, car il avait contre lui et la populace, ennemie de tout ce qui existe, et la bourgeoisie aveugle qui le renversait pour le pleurer le lendemain. Plus de quarante ans nous séparent de ces journées funestes, et la sotte bourgeoisie peut aujourd'hui juger de ce qu'elle a perdu par ce qu'elle a gagné ; elle avait alors contre elle les communistes, elle a présentement les anarchistes ; il y a progrès.

C'est avec un serrement de cœur qu'on lit dans ces pages tous les préparatifs faits pour combattre l'émeute, tous les moyens de résistance offerts, échouer devant la faiblesse et la trahison. L'arrivée de la duchesse d'Orléans à la Chambre des députés pouvait tout sauver. « Je « vis bien, dit M. de Tocqueville, qu'elle était fort « émue, mais son émotion me parut de celles « que ressentent les âmes courageuses plus « prêtes à se tourner en héroïsme qu'en frayeur. » Mais Lamartine monte à la tribune, prononce un discours qui commence favorablement pour la monarchie et dont la conclusion est son renversement définitif.

Dès ce moment commencent les aventures de la France. La République est bien vite proclamée par quelques imprévoyants, et alors commence une sorte de parodie de la première Révolution ; un imbécile, juché sur une barricade, apprend la fausse nouvelle de la mort de Louis-Philippe — « Tarquin est mort ! » s'écrie-t-il avec emphase. J'ai moi-même entendu ce cri. M. de Tocqueville constate cet état d'esprit :

> C'était le temps où toutes les imaginations étaient barbouillées par les grosses couleurs que Lamartine

venait de répandre sur ses *Girondins*. Les hommes de la première Révolution étaient vivants dans tous les esprits, leurs actes et leurs mots présents à toutes les mémoires. Tout ce que je vis ce jour-là porta la visible empreinte de ces souvenirs ; il me semblait toujours qu'on fût occupé à jouer la Révolution française plus encore qu'à la continuer.

Cette singerie du passé est telle qu'on imagine une fête nationale dans laquelle doit passer un char qui rappelle les programmes du peintre David... avant son tableau du sacre de l'Empereur.

Une grande jeune fille se détacha de ses compagnes et, s'arrêtant devant Lamartine, récita un hymne à sa gloire ; peu à peu, elle s'anima en parlant, de telle sorte qu'elle prit une figure effrayante et se mit à faire des contorsions épouvantables. Jamais l'enthousiasme ne m'avait paru si près de l'épilepsie ; quand elle eut fini, le peuple voulut néanmoins que Lamartine l'embrassât ; elle lui présenta deux grosses joues ruisselantes de sueur, qu'il baisa du bout des lèvres et d'assez mauvaise grâce.

Puis viennent des médaillons qui, quoique à peine ébauchés sont d'un grand relief. Voici, par exemple, celui de Blanqui :

C'est alors que je vis paraître, à son tour, à la tribune un homme que je n'ai jamais vu que ce jour-là, mais dont le souvenir m'a toujours rempli de dégoût et d'horreur il avait des joues hâves et flétries, des lèvres blanches, l'air malade, méchant et immonde, une pâleur sale, l'aspect d'un corps moisi, point de linge visible, une vieille redingote noire collée sur des membres grêles et décharnés; il semblait avoir vécu dans un égout et en sortir; on me dit que c'était Blanqui.

Celui de Ledru-Rollin n'est pas moins réussi :

Ledru-Rollin n'était qu'un gros garçon très sensuel et très sanguin, dépourvu de principes et à peu près d'idées, sans véritable audace d'esprit ni de cœur, et même sans méchanceté, car il voulait naturellement du bien à tout le monde et était incapable de faire couper le cou à aucun de ses adversaires, si ce n'est peut-être par réminiscence historique ou par condescendance pour ses amis.

Voici une curieuse appréciation du docteur Trélat sur les révolutionnaires de son temps :

Trélat, révolutionnaire du genre sentimental et rêveur, qui avait conspiré en faveur de la République pendant tout le temps de la monarchie, du reste, médecin de mérite qui dirigeait alors un des principaux hôpitaux de fous de Paris, quoiqu'il fût un peu timbré lui-même, me prit les mains avec effusion et, les larmes aux yeux: «Ah! monsieur, me dit-il, quel malheur et qu'il est étrange de penser que ce sont des fous, des fous véritables qui ont amené ceci! Je les ai tous pratiqués ou traités. Blanqui est un fou, Barbès est un fou, Sobrier est un fou, Hubert surtout est un fou, tous fous, monsieur, qui devraient être à ma Salpêtrière et non ici.»

Ici une véritable scène de comédie politique :

On avait formé à la hâte, me dit Marrast, une liste de candidats pour le gouvernement provisoire ; il s'agissait de là faire connaître au peuple ; je la donnai à Lamartine en le priant de la lire à haute voix du haut du perron. « Je ne puis, me répondit Lamartine après en avoir pris connaissance, mon nom s'y trouve. » Je la passai alors à Crémieux, qui, après l'avoir lue : « Vous moquez-vous de moi, me dit-il, de me proposer de lire au peuple une liste sur laquelle mon nom ne se trouve pas ! »

Plus loin, voici la mort de Chateaubriand, resté implacable dans ses rancunes :

Depuis longtemps, il était tombé dans une sorte de stupeur muette qui laissait croire par moments que son intelligence était éteinte. Dans cet état, pourtant, il entendit la rumeur de la révolution de Février ; il voulut savoir ce qui se passait. On lui apprit qu'on venait de renverser la monarchie de Louis-Philippe ; il dit : « C'est bien fait ! » et se tut. Quatre mois après, le fracas des journées de Juin pénétra jusqu'à son oreille, et il demanda encore quel était ce bruit. On lui répondit qu'on se battait dans Paris et que c'était le canon. Il fit alors de vains efforts pour se lever en disant : « Je veux y aller », puis il se tut et, cette fois, pour toujours, car il mourut le lendemain.

Les jours passent comme les hommes, et nous voici à la veille du coup d'État ; M. de Tocqueville nous donne un portrait écrit très détaillé du futur Empereur ; j'y copie ces lignes bien curieuses :

En général, il était difficile de l'approcher longtemps et de très près sans découvrir une petite veine de folie, courant ainsi au milieu de son bon sens, et dont la vue, rappelant sans cesse les escapades de sa jeunesse, servait à les expliquer.

Il me faut m'arrêter, non pourtant sans recommander le beau chapitre consacré au général Cavaignac, exécré des montagnards pour avoir réduit à une insurrection sévèrement réprimée, la terrible révolution qui se préparait aux journées de Juin. La bourgeoisie lui fut reconnaissante à sa manière ; elle nomma Louis-Napoléon président de la République.

II

MAXIME DU CAMP

Le Crépuscule

Le Crépuscule est le titre du livre que M. Maxime Du Camp vient de publier ; il a pour sous-titre : « Propos du soir », et les illusions, les lettres, le socialisme, la vanité, l'histoire, etc., y ont, tour à tour, leur chapitre. Comme on le prévoit, étant donné le nom de l'auteur, ce n'est pas là un œuvre improvisée. M. Maxime Du Camp disait dernièrement à l'un de ses amis qui lui parlait de ce livre :

« On affirme que c'est mon testament ; il se
« peut, mais en réalité je n'en sais rien, parce
« que je ne puis rien savoir. L'heure ne m'appar-
« tient pas et si elle tarde à sonner, je suis bien
« capable de bavarder encore un de ces jours,
« quitte à rabâcher. En tous cas, si ce n'est pas
« un testament, il est certain que ce n'est pas non
« plus un début ! »

Après avoir lu ce livre qui, bien que sérieux, est empreint du charme d'une grande sérénité d'âme, je ne puis m'empêcher de sourire en en regardant les feuillets. Je m'étais promis de marquer d'un pli, au courant de ma lecture, chaque page qui me paraîtrait contenir un passage à relire ; j'ai devant moi le volume grossi, déformé, et, avec ses cornes, ressemblant à une chevelure d'enfant ébouriffé de papillotes de papier; presque chaque page a sa marque.

M. Maxime Du Camp qui ne considère pas comme négligeables les opinions de la grande majorité des hommes de génie (à ne prendre que de Platon à Victor Hugo) sur l'espoir d'une autre vie, éprouve le besoin, lui qui marche aussi vers un point lumineux, de se retourner pour voir l'heure à la hauteur de l'ombre qu'il laisse derrière lui. C'est un sage, un philosophe qui nous dit franchement, et comme Cicéron : « Je ne vois pas pourquoi je n'oserais pas vous dire ce que moi aussi je pense de la mort » :

> A voir la quantité prodigieuse de dieux qui ont régné depuis que le monde est sorti du chaos, on est étonné de la fécondité des imaginations ; mais on peut reconnaître que chacune de ces divinités a été, en son heure, un levier d'espérance, un stimulant et un point d'appui pour l'âme humaine. Il est possible que tout ce que l'on nous a enseigné n'existe pas : il n'en faut pas moins conduire sa vie comme si tout cela existait: dans la crainte d'un châtiment, dans l'attente d'une rémunéra-

tion ? Non pas ; dans le seul intérêt de notre conscience, par devoir envers nous-mêmes ; je dirai le mot brutal : par propreté pour notre âme. Toute bonne action qui vise une récompense perd de sa valeur. La véritable vertu est abstraite ; si elle se manifeste pour obéir à autre chose qu'à l'injonction intérieure, elle est diminuée.

Cette pensée est irréductible en moi ; elle me vaudra, j'espère, l'indulgence des « esprits forts » qui professent ce que Montaigne appelait « l'opinion si rare et incivile de la mortalité des âmes », opinion qu'il m'est impossible d'admettre. De celui qui vient de mourir, je dirais volontiers comme le moyen-âge : *Non obiit, sed abiit* — il n'est pas mort, il est parti.

Une grande partie du livre est consacrée à la vieillesse : M. Maxime Du Camp lui ouvre un peu trop tôt la porte de son foyer, ce qui prouve qu'il ne la craint pas ; il ne l'envisage pas avec l'amertume de La Rochefoucauld, mais fait songer à Labruyère, qui constate que le « souvenir de la jeunesse est tendre dans les vieillards ». Dans le *Crépuscule*, je trouve ce ressouvenir du Saint-Simonisme :

Quelle envolée vers l'avenir et quelle naïveté de confiance dans le progrès humain ! Nous avions prêté une oreille curieuse aux prédications des Fouriéristes et des Saint-Simoniens, dont le panthéisme vague ne nous avait pas laissés indifférents. Le thème était admirable, quoiqu'il ne fût pas nouveau : Aimez-vous les uns les autres. Nous avons rêvé de vastes prairies où les loups et les moutons s'embrasseraient mutuellement sur leurs côtelettes ; la loi d'amour, que nous aurions voulu promulguer, mettait à néant les haines et la guerre ; nous avons cru à la solidarité des peuples, à la fraternité universelle, à l'ardeur vers le bien, à l'horreur pour le mal, à la fin des violences, au baiser de paix sur toutes les lèvres. Ce rêve, des hommes d'une intelligence suprême s'y sont associés : Littré l'a publiquement confessé et en a fait pénitence.

C'est que l'horizon du temps de la jeunesse de M. Maxime Du Camp se rembrunissait singulièrement, et que les nouvelles idées sociales commençaient à germer dans les esprits ; la génération précédente, celle de l'Empire et de la Restauration, qui ne faisait que : « rire, chanter et boire, » les « Joyeux drilles » avaient fini leurs flonflons réglementés par les chansonniers du Caveau :

J'ai toujours eu en dédain les chansonniers dont la muse titubante célèbre le jus divin, le sang de la treille, les dons de Bacchus, « les joyeux drilles et les francs lurons ». Ils sont nombreux, en toute langue, les refrains à hoquets rimés pour la plus grande gloire de ceux que Rabelais nommait les « humeurs de piot », et ce n'est point à l'honneur de la poésie cosmopolite. Il serait mieux de reconnaître que toute ivrognerie est crapuleuse et qu'elle met l'homme de plain-pied avec la brute. Des races entières périssent du mal d'eau-de-vie : regardez du côté des Peaux-Rouges, bientôt ils ne seront plus.

Dans un couvent situé non loin d'Agré Dagh, qui est le mont Ararat, un moine arménien m'a raconté une légende qui peut n'être pas déplacée ici. Lorsque Eve et

Adam eurent détaché et mangé la pomme, ils furent subitement doués de connaissances qu'ils n'avaient point soupçonnées et dont le Seigneur Dieu fut inquiet. Au vingt-deuxième verset du troisième chapitre, la Genèse nous enseigne qu'il a dit : « L'homme est devenu comme l'un de nous; sachant le bien et le mal. ». Craignant que l'homme ne fût semblable aux Dieux, ainsi que le serpent l'avait promis, l'Eternel créa la vigne afin qu'il devînt semblable aux bêtes. Le bon moine, caressant sa longue barbe noire et faisant ronfler son narguileh, me regarda avec malice et ajouta : « Dieu était en cas de légitime défense, je le reconnais ; mais j'ai peur qu'il n'ait dépassé le but, car, malgré sa prescience, il n'a pu deviner que l'on mettrait la fureur et la folie en bouteille. » Ayant dit cela, il avala un verre de raki et fit claquer sa langue.

Le grand attrait du livre est dans la variété des sujets traités ; librement l'esprit de l'auteur promène son vol sur toute choses, s'arrêtant sur celles où il peut puiser une observation, une pensée ; c'est une journée de sa jeunesse qui renait pour lui, c'est l'histoire qui ouvre son livre à une page inattendue:

Pour juger Napoléon, il ne faut point regarder ce qu'il faisait, il faut considérer ce qu'il a fait. Il doit être vu avec des yeux de presbyte et non pas avec des yeux de myope, car le détail n'importe guère en présence d'un tel ensemble.

Et plus loin :

Fouché a été le type même de l'ambitieux politique. Il a eu sa part de puissance, il a joui de grands honneurs, de grandes dignités, d'une grande fortune ; mais plutôt que d'entrer, comme lui, dans l'histoire par la porte des hontes et de l'abjection, il vaudrait mieux n'avoir été qu'un garde-chasse avec six cents francs de gages et le droit au bois-mort.

Une curieuse remarque et qui donne à réfléchir à ceux qui croient que l'enfant ne fait qu'imiter et devient toujours un honnête ou un malhonnête homme, suivant l'éducation qu'il a reçue :

Au dix-septième siècle, un homme qui était d'église a scandalisé son temps par la dépravation de ses mœurs ; il a peu honoré son nom et a déshonoré la pourpre ; il a suscité des troubles ; il a combattu la royauté dans la personne d'un enfant que son âge aurait dû rendre sacré pour un prêtre ; coureur de ruelles, fauteur d'émeutes, infatué de lui-même, fourbe et menteur, professant l'art de duper la loi, de mentir aux serments, de se moquer des scrupules de rire de la conscience et de tout sacrifier à son propre intérêt, il est célèbre pour avoir laissé des mémoires qui sont le manuel de la duplicité. Je parle de ce Paul de Gondi, qui fut le cardinal de Retz. Sait-on encore quel a été son précepteur ? — Saint-Vincent de Paul.

Dans ce livre, sorte de *De Senectute,* surtout dans sa première partie, M. Maxime Du Camp montre que l'esprit qui est resté jeune se préoccupe surtout de l'avenir, de la jeunesse ; hier l'intéresse encore, mais c'est demain qui captive surtout son attention curieuse ; je coupe cette page d'excellents conseils à nos « jeunes », à qui il recommande de savoir patienter :

> C'est ce que les jeunes gens ont tant de peine à admettre ; ils s'émeuvent d'être obligés d'attendre : leur premier volume n'a-t-il pas été publié ? pourquoi la gloire n'a-t-elle pas frappé à leur porte ? Leur impatience est plus surnaturelle que légitime ; la camaraderie a beau s'évertuer, crier leur nom et dire : Enfin un homme nous est né ; peine perdue, nul ne tourne la tête, et le pauvre auteur n'est connu que de ceux qui le connaissaient. Le monument — pyramide ou taupinière, — se construit grain de sable par grain de sable, jour par jour et, pour ainsi dire, heure par heure. Lorsqu'il commence à dépasser le niveau du sol et que l'espoir croît en proportion, une rafale passe et tout disparaît. Déception qu'il est toujours prudent de redouter et qu'il est correct de supporter sans plainte.
>
> On se remet à l'œuvre, comme la fourmi dont la fourmilière a été détruite ; au lieu d'en appeler aux âges futurs on n'en appelle qu'à soi-même, et l'on fait bien. L'homme, qui, ayant débuté à trente ans, n'est pas encore ignoré vers sa quarantième année, n'a pas été desservi par la fortune.

Les revues, qui poussent en ce moment comme champignons, et qui combattent pour les jeunes artistes et écrivains, feraient une bonne œuvre en leur donnant à méditer de telles paroles, écrites par l'homme d'expérience qui, en dépit des années, a su rester des leurs.

III

E. LAVISSE

Le grand Frédéric avant l'avénement

M. Ernest Lavisse vient de donner une suite à son livre : *La jeunesse du grand Frédéric*, en un nouveau volume intitulé : *Le grand Frédéric avant l'avénement*. Dans cette nouvelle étude qui développe certains points effleurés seulement dans la première, M. Lavisse nous montre le futur Grand Frédéric dans les résidences où l'envoyait son redoutable père, à Neu Ruppin et à Rheinsberg. Cette étude sur le fils qu'il nous montre médiocre sinon mauvais époux, doué d'une intelligence exceptionnelle, philosophe, poète, artiste, est une occasion aussi pour M. Lavisse d'accentuer plus fortement les traits du père, légèrement indiqués d'abord. Effectivement, avec quelque intérêt que l'on regarde monter la figure de Frédéric, on ne peut s'empêcher de suivre, même dans sa décroissance, celle de Frédéric Guillaume, captivant aussi bien l'attention par sa sagesse que par ses folles humeurs, et inspirant, jusque dans ses excès, le respect de sa souveraineté, comme au bord du cercueil le sentiment d'une indiscutable grandeur. Aussi, pour moi, les maîtresses pages du livre de M. Lavisse sont-elles celles de sa réconciliation avec son fils et celles de sa mort. Voici le récit des dispositions que prit ce roi soldat, sentant arriver l'heure suprême :

Le lendemain, 29 mai, le Roi fit porter dans sa chambre le cercueil de chêne à poignées de cuivre qu'il s'était destiné. La mort approchant semblait lui donner du calme : pour la première fois, il parla, en regardant le cercueil avec un air de satisfaction, de la tranquillité du sommeil éternel. Il dit ensuite au prince qu'il avait mis par écrit comment il voulait qu'on en usât avec son corps, après que Dieu l'aurait tiré de cette temporalité, et il fit faire la lecture de ce règlement.

Comme il avait toujours été propre, il commandait que son corps fût lavé, revêtu de linge blanc et couché sur une table ; là, son visage sera rasé, et le corps, après un nouveau nettoyage, enveloppé d'un drap. Curieux du pourquoi des choses, il voulait qu'après quatre heures écoulées, le corps fût ouvert en présence de personnes qu'il nommait et qu'on examinât soigneusement l'état des parties internes, pour découvrir la cause de sa mort.

Très ordonné, aimant que chaque objet demeurât en sa place, il défendait de rien ôter de lui, excepté l'eau et les flegmes qui s'y pourraient trouver. Il réglait et se représentait avec la précision la plus minutieuse, la parade funèbre : son régiment s'assemblera, vêtu d'un uniforme neuf, le premier bataillon devant le château, l'aile droite à la rivière, là où les murailles commencent ; le second à côté, sur la gauche, et le troisième derrière le second ; les tambours seront recouverts de drap noir, et les fifres et les hautbois garnis de crêpes ; les officiers porteront le crêpe au chapeau, au bras, à l'écharpe et à la dragonne ; le drapeau sera voilé de crêpe. Le carrosse sera mené au pied de l'escalier vert, les chevaux la tête tournée vers la rivière ; le cercueil y sera porté par huit capitaines, qui aussitôt après iront se ranger à leur poste ; puis le régiment se mettra en marche, les soldats tenant le fusil renversé sous le bras gauche, les tambours battant la marche funèbre et les fifres jouant l'air du cantique : « O chef, couvert de sang et de blessures ! »

A l'arrivée devant l'église, les huit capitaines prendront le cercueil et le porteront par la porte où le Roi avait accoutumé d'entrer. Alors les hautbois se feront entendre et Ludovic, maître de la chapelle, jouera de l'orgue. Le Roi voulait être descendu au caveau par des officiers généraux, espérant, disait-il, qu'il s'en trouverait bien quelques-uns qui lui viendraient rendre les derniers devoirs. Il n'avait jamais aimé l'éloquence et il détestait les mensonges solennels ; il défendait donc que l'on fît la harangue funèbre et militaire qu'il était d'usage d'adresser aux troupes en ces sortes d'occasions. Point de discours ! mais vingt-quatre pièces de campagne feront douze décharges successives ; puis les bataillons feront feu l'un après l'autre et l'artillerie tirera de nouveau. Après les décharges, les bataillons se sépareront ; chaque compagnie sera conduite devant le quartier de son capitaine, et chaque grenadier recevra une étrenne, comme cela se pratique dans le temps des exercices

Enfin le Roi, donnant un dernier souvenir à sa cave, prescrivait qu'au souper servi le soir dans la grande salle aux officiers, on donnât de bon vin : « Je veux qu'ils soient bien traités, et qu'on mette en perce le meilleur tonneau de vin du Rhin que j'aie dans ma cave, et qu'en général il ne se boive ce jour-là que de bon vin. »

Ainsi finira la journée, mais, quinze jours après, dans toutes les églises seront prononcées des oraisons funèbres sur ces paroles : « J'ai combattu le bon combat. » « Seulement, ajoutait-il, on ne parlera ni en bien ni en mal de mes actions, de ma conduite, ni de rien de ce qui me regarde ; on se contentera de dire à l'assemblée que je l'ai défendu, en ajoutant que je suis mort en me reconnaissant pécheur, et ayant recours à la miséricorde de Dieu et de mon Sauveur. » Et, comme c'était assez de cérémonies déjà et de dépenses, il ne voulait pas que ses domestiques fussent vêtus d'habits noirs ; ils garderaient leur livrée avec un simple crêpe noir au chapeau : « En un mot, je prétends qu'on ne fasse pas tant de façons avec moi. »

Ce ne fut qu'au bord du tombeau que le père comprit qu'il laissait un fils digne de lui et que le fils comprit toute la grandeur de celui qui y descendait.

Le livre de M. Lavisse renferme bien des pages excellentes, et notamment celles où il dépeint les mouvements d'ambition, d'inquiétude qui se manifestèrent à la veille de la mort du Roi. Ce fut quelque chose comme le tohu-bohu de Versailles quand Louis XIV agonisait, à ceci près que chez nous c'était la grandeur de la royauté qui déclinait et qu'à Berlin c'était celle d'un peuple qui était à son aurore.

IV

G. HAUSSMANN

Mémoires

Le troisième et dernier volume des *Mémoires du baron Haussmann* est consacré aux grands travaux de Paris, au service du plan, à celui des ingénieurs, de la voirie, des promenades et plantations, des eaux, de l'architecture et des beaux-arts.

Quand le baron Haussmann me fit le grand honneur, en 1889, de me demander mon avis sur l'intérêt que pouvait présenter la publication de ses mémoires, qu'il voulait d'abord intituler : *Mémoires d'un Préfet d'autrefois*, je m'empressai de lui souligner les avantages qu'il y aurait, à tous les points de vue, à mettre au jour la vérité sur les actes de son administration. Ce n'était rien moins que l'histoire de Paris pendant la période impériale. Il me confia les manuscrits des deux premiers volumes qu'il eut bien vite mis au point, attendant mon opinion avec l'impatience, c'est le mot, d'un écrivain qui en est à sa première œuvre. Comme je ne voulais pas parcourir, mais lire consciencieusement des mémoires de cette valeur, il m'écrivit, au bout de quelques jours, cette lettre où perce une inquiétude mal dissimulée :

Paris, 30 juin 1889.

Cher monsieur Gille,

Je comprends que l'examen de mon volumineux travail se concilie mal avec vos occupations courantes et avec les besoins de villégiature de cette chaude saison.

Je ne serais nullement étonné, d'ailleurs, qu'au point de vue de l'intérêt qu'il peut avoir pour le grand public, dont vous connaissez parfaitement les goûts, ce travail, qui nous reporte à tant d'années en arrière, ne vous parût pas aussi digne d'attention que l'ont jugé quelques érudits, curieux du passé.

Quoi qu'il en soit, prenez tout le temps de vous faire une opinion sur la convenance d'en réserver l'apparition pour le temps où je ne serai plus, c'est mon penchant, ou de publier d'une façon ou d'une autre, de mon vivant, tout ou partie de ces deux volumes.

Dites-moi seulement que vous ne m'oubliez pas.

Tout à vous,

G. HAUSSMANN.

Je m'empressai d'aller donner les raisons de mon retard au grand baron ; je le trouvai, le matin, dans son logis de la rue Boissy-d'Anglas.

Il ne voulut pas me laisser partir sans m'avoir montré les nombreuses notes qui devaient l'aider à écrire son troisième volume. Tout en bouleversant ses papiers, il me lut en souriant des vers de sa jeunesse, des poésies fugitives ; il me parla art, musique et finalement me retint à déjeuner. La baronne Haussmann était déjà à table, droite, blanche, le visage impassible, comme s'il eût été de marbre, immobilisé par la paralysie. Lui, le baron, parlant avec un entrain juvénile et me faisant boire, au dessert, un verre, de son vin de Cestas, pour trinquer à ses quatre-vingts ou quatre-vingt-un ans, formait un étonnant contraste avec l'aspect glacial de la baronne.

Nous nous remîmes au travail après le déjeuner, et il m'expliqua combien ceux qui s'attendaient à trouver des révélations intimes sur l'Empereur et sur l'Impératrice, dans ses mémoires, connaissaient peu ses sentiments de respect pour les souverains qu'il avait servis : — « L'im-
« pératrice ne m'aima pas beaucoup d'abord,
« disait-il, elle se plaignait de ne me voir jamais
« parler sérieusement avec elle, de m'en tirer
« avec des boutades qui la faisaient rire ; plus
« tard, elle changea d'avis et comprit, qu'après
« tout, on ne s'appuie que sur ce qui résiste, et
« que ce n'était que la conscience du devoir
« qui me faisait persister dans mes opinions. »

Revenons au troisième volume. M'invitant à

venir passer quelques jours avec lui au château de Cestas, où il était encore au mois de septembre 1890, il m'écrivait, au milieu de ses occupations et des visites qu'il recevait de Bordelais et de voisins :

... Tout cela me laisse trop peu de loisir, à mon gré, pour la revision que j'ai commencée des chapitres de mon troisième volume.

Ecrits à diverses époques, sans aucun lien entre eux, puisque chacun traite d'une branche distincte de l'administration de Paris, ils ont besoin d'être ramenés au même point de vue : celui que m'indique aujourd'hui le succès relatif des deux premiers volumes. — Je sais, en effet, aujourd'hui, les observations qu'il me faut prévoir pour y répondre d'avance, par-ci, par-là ! De plus, le temps a marché. Je dois tenir compte aussi de ce qui s'est fait depuis ma première rédaction.

En somme, c'est un long et minutieux travail que j'ai entrepris forcément, pour rendre actuel et mettre bien d'ensemble ce troisième volume presque entièrement terminé depuis deux ans.

Suivait ce post-scriptum où je retrouve toute la légèreté d'esprit du baron Haussmann :

. . . .

Je vous renvoie la lettre de M. M... C..., que je ne connais pas ; mais il me semble un bien aimable homme. Lire et *relire* mes volumes, sans y être forcé, lorsque tant de critiques en ont rendu compte évidemment avant d'en avoir coupé les pages, c'est un procédé bien digne de toute ma sympathie !

Bien à vous,

G. HAUSSMANN.

Je n'entreprendrai pas d'analyser ce troisième volume, qui clôt la série des mémoires de l'ancien préfet de la Seine. Je ne rappellerai même pas les grands travaux dont la description remplit les pages ; mais je signalerai l'hommage rendu par Haussmann à ceux qui l'ont aidé à accomplir sa grande œuvre, la reconstruction de Paris. Faisant leur part à tous, signalant les services rendus, il fait loyalement une place à ses collaborateurs qui ne sont plus, Alphand, Deschamps, Ballard, Ballu, Duc, Davioud, etc., n'oubliant pas ceux qui, plus jeunes, lui ont apporté le concours de leur grand talent, MM. Vaudremer, Daumet, etc.; il fait aussi l'éloge de l'honneur administratif de l'Empire, en constatant que pas un des plus petits employés, dépositaires des secrets des expropriations qui eussent pu faire leur fortune, n'a jamais commis la moindre indiscrétion, se contentant des quelques centaines de francs d'appointements qu'ils touchaient.

Je n'insiste pas sur de beaux chapitres comme celui qui résume si bien l'histoire du Louvre et des Tuileries depuis leurs origines, sur ceux qui sont consacrés à l'embellissement du bois de Boulogne, qui valurent à Haussmann le reproche de vouloir « aérer le bois de Boulogne » qui lui fut adressé par Ernest Picard ; sur les travaux des grandes voies, du service des eaux sur lequel nous reviendrons un jour ; sur les travaux artistiques comme le renouvellement des fondations de la Tour Saint-Jacques, la surélévation de la colonne du Châtelet, et la construction des Halles, des théâtres du Châtelet et du Théâtre-Lyrique, l'Opéra-Comique aujourd'hui. On sera étonné, en lisant ce dernier volume, de la grandeur des travaux accomplis, de la clairvoyance et aussi de l'honnêteté qui y a présidé, car, en dépit des dénigrements intéressés des partis, la figure du baron Haussmann ne restera pas seulement comme celle d'un grand homme, mais aussi comme celle d'un administrateur qui a remué les millions par centaines et qui est mort pauvre. C'est ce qu'est heureux de constater celui qui fut un de ses plus modestes collaborateurs, et à qui il fit le grand honneur de le traiter en ami.

V

T. DE WYZEWA

Les Disciples d'Emmaüs

Enfin voici un petit livre de cent pages ; béni soit-il, lui qui vient nous reposer de ces énormes volumes que la librairie moderne impose aux gens, croyant répondre à de formidables appétits de prose ou de vers. Il y a là, je crois, un faux calcul de la part des éditeurs qui ne savent pas combien rebute un livre compact, quelle que soit la valeur de son écrivain ; enfin, puisque nous avons un petit livre, ne nous occupons que de lui et présentons-le sous son titre : *Les Disciples d'Emmaüs, ou les étapes d'une conversion*, par M. Théodore de Wyzewa. L'auteur se connaît en conversations et je l'en félicite ; « le chemin de Damas n'est pas fait pour les chiens », a dit un philosophe, et je suis de son avis. Fourvoyé dans les chemins obscurs d'une soi-disant rénovation de notre langue, ouverts par un certain nombre de jeunes gens, parmi lesquels beaucoup d'étrangers, M. de Wyzewa a bien vite reconnu que les Français exigent avant tout la clarté des idées et de la parole.

Il redoute pourtant de passer brusquement à l'état de transfuge et murmure parfois, en forme de regrets et d'adieux : « Ah ! ce maudit besoin « de comprendre que nous portons aujourd'hui « en toutes choses et qui dévaste notre vie, cor- « rompant à leur source nos seuls vrais plaisirs ! » Cet adieu n'est-il pas à la fois une politesse à ceux que l'on quitte, et la netteté de sa forme une protestation réelle contre certain galimatias d'inversions, de préciosités, de néologismes et d'intentions perdues qui tueraient plutôt la langue française qu'ils ne la régénèreraient ? Parlant de M. Mallarmé, il me paraît vraiment désolé de ne plus le comprendre ; mais, de fait, il ne le comprend plus : « C'est, avoue-t-il, un métier qui, « aujourd'hui, dépasserait mes forces ; car je dois « bien avouer que je ne comprends plus avec « la même précision littérale ces beaux poèmes « de M. Mallarmé. » Plus loin, faisant allusion à Ibsen, il reconnaît s'accommoder mal des obscurités chez un moraliste : c'est là encore une concession incomplète et, pour ma part, j'avoue que je ne puis pas m'accommoder du tout de l'obscurité, fût-elle poétique. Pour être ému, il est indispensable de comprendre, et le temps qu'on passe à traduire est un réfrigérant pour l'émotion ; le plus beau poème chinois me laissera insensible si je ne sais pas le chinois, et si Mathurin Régnier, Racine, La Fontaine, Chénier, Victor Hugo, Lamartine et Musset n'avaient pas pris toutes ses clartés à la langue française, ils ne seraient pas aujourd'hui encore, et pour longtemps, les plus grands poètes de notre pays.

Rentrons sur le terrain de M. de Wyzewa où ne fleurissent pas ces insupportables plantes littéraires qui s'appellent le naturalisme ou l'égotisme, Enfin voilà un auteur qui néglige les grossièretés, qui consent à ne pas s'étudier avec complaisance, estimant que Montaigne n'est excusable de nous avoir tant parlé de sa personne que parce qu'il nous a laissé un immortel chef-d'œuvre. Comme M. Anatole France, à qui il dédie son livre, l'auteur a été attiré par les parfums du christianisme naissant et, en deux paraboles, sortes de fragments d'évangiles apocryphes, il nous a charmé pendant une heure. Ses Pèlerins d'Emmaüs ne ressemblent pas à ceux de Titien sous les traits desquels les chercheurs ont reconnu Charles-Quint, le cardinal Ximénès et Philippe II, tandis qu'il n'y fallait voir que des inconnus et une étude de tête d'après le buste antique de Vitellius ; ils n'ont rien de commun non plus avec l'étincelante fantaisie, bourrée d'anachronismes, qui a ajouté un chef-d'œuvre aux autres chefs-d'œuvre de Paul Véronèse ; c'est dans Rembrandt, dans cette merveilleuse petite toile, perle du Salon Carré, que j'ai vu revivre les quatre personnages, Jésus, Siméon, Cléophas et Alphée, fils de Thomas, réunis autour de cette petite table qui porte la nourriture de l'âme de millions d'hommes.

C'est le conte d'un Voltaire croyant, plein d'une philosophie sereine, que le récit de M. de Wyzewa. La fausse interprétation de deux paraboles du Christ éloigne pour longtemps les deux disciples de la voie de la vérité ; ils la retrouvent dans une contrée inconnue, heureuse comme celle dont le fleuve Bœtis arrosait les bords, pays enchanteur né d'un rêve. Là, en quelques mots, l'homme qui a compris la vérité de la parole du Christ, refait toute une civilisation dont le bonheur est le programme ; il nous montre une contrée délicieuse où ne sera jamais transporté le bloc d'erreurs que nous appelons la science, et d'où est proscrit ce manque de goût effronté, générateur de tant d'horribles choses que nous avons l'audace de baptiser du nom d'art.

VI

LE DUC D'HARCOURT

L'Egypte et les Egyptiens

Le livre que vient de publier le duc d'Harcourt sur l'Egypte et les Egpytiens permettra de constater par des faits, l'importance que les Anglais y prennent chaque jour; nous déplorons leur immixtion dans les affaires de l'Egypte, sans penser que nous n'avons pas songé à faire ce qu'ils ont fait eux-mêmes. Si le peuple égyptien indigène est peu ou point modifiable, il n'en est pas de même de l'Egypte administrative qui se renouvelle de fond en comble, aussi bien dans ses procédés gouvernementaux que dans son personnel. Les sujets de Sa Majesté britannique s'y introduisent chaque jour sans bruit, sans scandale, et prennent les places lucratives ou importantes ; ce personnel est censé au service du

Khédive qui le paie, mais, en réalité, il est au service de l'Angleterre.

« Admirez, dit le duc d'Harcourt, comme cette introduction de l'Angleterre se fait doucement et sans à-coups. La force n'a été employée qu'au début, et l'action a été aussi prompte qu'énergique ; l'ordre une fois rétabli, l'armée anglaise n'est plus restée que « provisoirement », pour confirmer la tranquillité. De temps en temps, si la question de l'évacuation est soulevée par des indiscrets, et que le gouvernement anglais soit interrogé sur ses intentions, le ministre des affaires étrangères répond très simplement... « qu'il y pense constamment, mais qu'à ses yeux le moment n'est pas encore venu ». Et, pendant ce temps, la prise de possession continue de s'affermir en Egypte.

« Il faut reconnaitre que c'est manifestement au bénéfice du pays et de l'Europe. L'Angleterre y trouve son profit, mais n'est-il pas juste qu'elle se paye de sa peine ? Les habitudes d'ordre s'introduisent ; les prodigalités insensées des souverains ont cessé ; la suppression de l'esclavage, réforme immense qui n'a pu s'effectuer en d'autres pays sans troubles et sang versé, s'accomplit silencieusement et insensiblement, comme si elle était le résultat de la force des choses. L'Europe, dont les Anglais défendent les intérêts en maintenant la tranquillité, leur sait bon gré de leur modération, et, moyennant la petite concession du mot « provisoire », elle se tient pour satisfaite. »

A l'encontre des Anglais, nous eussions vraisemblablement procédé d'une façon toute différente, criant bien haut ce que nous allions faire. Tout autre a été la politique qui a si bien réussi aux Anglais ; non seulement ils se sont gardés de proclamer qu'ils venaient régénérer l'Egypte en lui apportant l'inestimable bienfait de quelque constitution nouvelle, mais ils n'ont cessé d'affirmer au contraire qu'ils n'étaient dans le pays qu'en passant, et que toutes les mesures prises par eux avaient un caractère essentiellement transitoire.

Bien qu'examinant surtout l'Egypte d'aujourd'hui, l'auteur a étudié dans toutes ses parties, histoire, politique, mœurs, etc., etc., le pays qu'il voulait nous faire connaître ; il a recueilli maints faits, de menus détails même, qui lui ont permis de juger des causes par la connaissance des effets. Il a constaté l'importance qu'avait encore la « courbache » sur le peuple des Pharaons qui répète lui-même que le bâton est un bien descendu du ciel ; le tout est de savoir si c'est le bien de ceux qui s'en servent ou de ceux qui le subissent.

En effet, un Français qui a passé de longues années en Egypte disait qu'on y distribuait des coups de fouet et de bâton du matin au soir. « Passez-vous de ce côté, dit-il, aux cris incessants des femmes, vous reconnaissez qu'il est question de la rentrée des impôts. » Il est vrai que cela se passait sous Méhémet-Ali, mais il faut ajouter que les Egyptiens d'aujourd'hui aimeraient mieux pour la plupart, dans le bas peuple, être battus que forcés à payer. La férocité de leurs gouvernants (le roi Ismaïl faisait casser les dents à coups de marteau à des fellahs qui avaient maraudé dans ses cannes à sucre) les a amenés à un point de dégradation dont il se relèveront difficilement. La façon dont procédait leur administration n'était d'ailleurs pas faite pour les laisser rêver d'indépendance.

Il y a quelques années, toujours sous Ismaïl, une décision du gouvernement modifia tout d'un coup la Kasaba, toise en bambou, ferrée aux deux extrémités, dont les arpenteurs se servent pour leurs mesures ; elle avait eu jusque-là trois mètres soixante-dix environ, elle fut réduite à trois mètres cinquante-cinq. On ne voit pas d'abord quel était l'intérêt de cette réduction... Les toises furent donc rognées ; quelques mois après, un arpentage général fut prescrit ; naturellement, toutes les propriétés, étant mesurées avec une mesure plus petite, se trouvèrent comprendre un plus grand nombre de « feddans ». Alors intervint le gouvernement : « Toi, dit-il au propriétaire, tu n'as droit, d'après tes titres, qu'à trois cents feddans : on vient de t'en trouver trois cent vingt-cinq ; tu as donc plus que tes droits ; il y a vingt-cinq feddans qui, n'étant pas à toi, doivent m'appartenir; je vais les reprendre... à moins que tu ne préfères les racheter. » Dans beaucoup d'endroits, les propriétaires se se résignèrent et rachetèrent à beaux deniers comptants les excédents si ingénieusement découverts ; mais ailleurs, ils refusèrent, ou se trouvèrent hors d'état de le faire. Le gouvernement déclara alors qu'il en prenait possession, et comme rien n'indiquait que l'excédent fût au nord ou au midi, au bord ou au milieu du domaine, il n'attribua par un nouveau décret le droit de le prendre où il voudrait.

C'est de l'opérette féroce. Les Coptes, derniers débris de la grande race égyptienne qui représentent les descendants du peuple des Sésostris et des Ptolémée, sont, quoi qu'on en dise, bien dégénérés ; leur religion mi-chrétienne, mi-musulmane (ils pratiquent la circoncision sur les deux sexes), est presque inclassable; les moines coptes qui abordent tout nus, à la nage, les bateaux de touristes pour mendier, qui attaquent au besoin les voyageurs, qui confectionnent des eunuques pour les sérails, ne concilient guère plus de considération à la caste que les autres races du peuple.

Au cours de son voyage, le duc d'Harcourt a

vu bien d'étranges choses, ne serait-ce qu'un pacha..... beauceron; bien qu'ayant son harem au Caire, ce Pacha avait un second ménage en France ; il avait épousé une garde-malade de Pithiviers ! Le chapitre des femmes est navrant ; je l'espère exagéré, car je ne vois guère le beau sexe s'y faire remarquer autrement que par l'abrutissement ou une invraisemblable corruption. On leur apprend à répéter des fables : *La Cigale et la Fourmi,* à jouer de pianos qu'on n'accorde jamais, et à n'avoir d'autres jouissances que celles des sens. Je passe bien des curieuses pages dont la conclusion est invariablement l'influence dégradante de la religion mahométane. J'aurais bien des choses à dire sur l'esclavage en Egypte, sur les sciences, les lettres et les arts, sur l'armée, mais je dois me borner à signaler ce livre de haut intérêt et dont la conclusion est que si l'on admet (combien de faits à l'appui !) que les Egyptiens, faute de ressort, sont nécessairement soumis à des étrangers, la Turquie est la seule puissance musulmane qui soit, malgré sa faiblesse, en mesure de profiter des circonstances ; les relations religieuses seront alors d'un grand poids.

La dynastie de Méhémet-Ali, dynastie turque, établie depuis près d'un siècle dans le pays, semble être devenue égyptienne et incapable de résister à l'ascendant des étrangers ; le peu de difficultés qu'ont rencontrées les Anglais est déjà là pour le prouver. Mais les Anglais, et, en général, des chrétiens d'une nation quelconque, n'auront jamais aucune influence morale sur les populations musulmanes indigènes. Il n'est pas d'ailleurs dans l'esprit de la race anglo-saxonne de s'en préoccuper. On peut donc dire presque à coup sûr que la Turquie conservera, quelles que soient les conséquences de l'occupation anglaise actuelle, la véritable influence sur les populations d'Egypte.

VII

E. FLOURENS

Alexandre III, sa vie, son œuvre

Quand retentissaient les cris d'enthousiasme des cent milliers de Français saluant l'arrivée de l'escadre russe, les étrangers qui, eux, « ne s'emballaient pas », souriaient avec ironie et nous engagaient avec une paterne bienveillance à ne pas nous exagérer l'importance d'une visite que nous ne devions considérer que comme un acte de simple politesse. Tout cela était formulé avec tant d'assurance, d'un ton si renseigné, que parfois, au milieu de ces fêtes inoubliables, les plus émotionnés se demandaient si vraiment nous n'allions pas un peu loin, et si la chaleur de notre réception ne dépassait pas de beaucoup le degré de sympathie que nous accordait la Russie.

Il n'appartenait de nous renseigner sur ce point qu'à un homme absolument informé, à un homme ayant eu en main, pour le salut de la France peut-être, les fils de la diplomatie européenne, et qui, sans trahir les secrets de l'Etat, nous montrât la réalité là où des intéressés voulaient qu'il n'y eût qu'un désir et qu'un rêve. M. E. Flourens, qui fut, on le sait, ministre des affaires étrangères, s'est chargé de faire la lumière sur des causes et des effets obscurcis à dessein, et c'est dans le très remarquable livre qu'il vient d'écrire sur *Alexandre III, sa vie et son œuvre*, qu'on trouvera la vérité absolue et sur la situation de notre pays vis-à-vis de la Russie, et sur celle de l'Allemagne vis-à-vis l'empire d'Alexandre III.

Comme le dit fort bien M. Flourens, l'événement le plus important de la fin de ce siècle, le plus fécond en résultats, celui qui laissera dans l'histoire contemporaine les traces les plus profondes, c'est l'apparition sur la scène politique de l'Europe d'un peuple de plus de cent millions d'hommes venant dire : « Jusqu'ici je n'ai compté
« que comme appoint à la coalition des grands
« empires du centre. J'ai été leur dupe. Je suis
« fatigué de ce rôle. Désormais, je ne veux ser-
« vir que mes intérêts nationaux, et je place ces
« intérêts, non pas dans la satisfaction des visées
« ambitieuses et des rêves de conquête que l'on
« me prête, mais dans le maintien et la consoli-

« dation de ce qui reste d'équilibre en Europe,
« dans l'indépendance et la sécurité des peuples. »
Pour opérer une évolution aussi considérable,
il fallait qu'un homme de génie l'ait conçue, l'ait
préparée, et qu'il apportât à sa réalisation une
volonté inébranlable. Le génie c'est la patience,
a dit Buffon ; c'est donc bien un homme de génie
que ce patient, que ce studieux, que ce silencieux qui élabore à Gatchina la rénovation de la
vieille politique européenne.

Le portrait que M. Flourens fait de l'empereur
peut se résumer en ces lignes : Physiquement,
le Tsar est le plus bel homme de son Empire ;
c'est un géant doux, mais, aux heures voulues,
ferme jusqu'à l'inflexibilité. Aux jours de sa villégiature annuelle en Danemarck, quand un anniversaire réunit autour des augustes souverains
danois leur nombreuse famille, Alexandre III
aime, en manière de jeu, à se camper, souriant,
les bras croisés, au milieu d'une pelouse, et à défier l'assaut de tous les membres de cette famille
dont les efforts combinés ne peuvent parvenir à
l'ébranler. Le Tsar est là tout entier : doux et
fort, souriant et inébranlable. Et, pendant que
nous parlons de la vie intime d'Alexandre III,
qu'il nous soit permis, avant de passer aux grandes questions de la politique, de conter une historiette à propos de ses fiançailles.

Selon l'usage, ce fut un diplomate de Saint-Pétersbourg qui vint apporter à la cour danoise les présents de l'impérial candidat ; sa mission remplie, Il repartit, emportant, avec la réponse de Copenhague, des présents symboliques, empreints de la poésie du Nord : deux modestes paniers contenant, l'un, un rayon de miel, l'autre un chien : la douceur et la fidélité. En route, tandis que le messager fatigué somnolait, un drame s'engagea, rapidement dénoué : l'un des paniers trouva moyen de se rapprocher de l'autre, de l'entr'ouvrir et de le soulager de son contenu ; à son réveil, l'infortuné diplomate constata que le miel avait disparu... la fidélité avait avalé la douceur ! L'union n'en fut pas moins belle, féconde et heureuse.

Revenons à ce livre rempli de renseignements, dans lequel M. Flourens nous fait toucher du doigt la nécessité qu'il y eut pour la Russie de tenir à distance l'Allemagne, qui ne cherchait rien moins qu'à l'envahir progressivement. De là à expliquer son rapprochement vers nous, il n'y a que des conclusions logiques à tirer. Le personnage du prince de Bismarck, dans toute cette affaire, est loin d'être sympathique, et on y sent partout la duplicité, la trahison brutale de celui qui fera couler tant de sang en falsifiant une dépêche : le traité de Berlin, fait après la guerre de Turquie, sous son inspiration, fut, on le sait, considéré comme un désastre et une spoliation et souleva contre lui l'opinion publique de toute la Russie. Grâce à l'appui occulte de l'Allemagne incarnée dans son chancelier, M. de Bismarck, qui y joua le rôle hypocrite « d'honnête courtier », l'Angleterre et l'Autriche se partagèrent les dépouilles des vaincus. Enlever ainsi à Alexandre II le fruit de ses victoires, c'était préparer sa fin terrible en lui retirant son prestige vis-à-vis du peuple. Des complots s'organisèrent, des attentats, dont le dernier devait avoir un si épouvantable résultat. A ce propos, M. Flourens, qui aime à se rendre compte des effets et des causes, se demande comment, au sein d'une population de plus de cent millions d'hommes dévoués à l'Empire, une poignée de révolutionnaires put arriver à troubler si profondément l'Etat tout entier. « Peut-être, dit-il, conviendrait-il de chercher « ailleurs, hors de l'Empire, dans les encourage- « ments occultes d'ennemis cachés, le secret de « ces inexplicables résultats. »

Toujours est-il que, dès qu'Alexandre III fut arrivé sur le trône, il n'oublia ni le traité de Berlin, ni ses conséquences, et prépara la revanche de son père. Quand une main fidèle lui eut remis la preuve indiscutable de la trahison, il écrasa le coupable en lui plaçant sous les yeux les témoignages de sa félonie. « Dès ce moment, la rupture était effectuée et l'axe de l'équilibre européen déplacé. » Le dialogue de cette scène, quoique à peine indiqué et donné comme une simple supposition dans le livre de M. Flourens, est saisissant ; on voit le chancelier, après une entrevue de deux heures avec le Tsar, sortir du cabinet du souverain, la figure rouge, la physionomie troublée ; Alexandre III lui avait mis sous les yeux les preuves indiscutables de la duplicité de sa politique.

Dès le lendemain, toute la presse reptilienne se répandait en injures, en perfides incriminations contre le cabinet français, accusé de falsification de pièces (Bismarck parlant de faux !) ; croyant pouvoir profiter du moment où les rapports entre la France et la Russie, quoique arrivés à un état de confiance complète, n'avaient pas encore abouti à une entente militaire et diplomatique, le chancelier imagina coup sur coup l'incident Schnæbelé et celui de Vexaincourt. On se rappelle le reste. Alors, avec méthode, sans passion, et avec cette suite dans la volonté qui est le propre des forts, Alexandre III résolut de dégermaniser son empire que les Allemands avaient progressivement et très habilement commencé à envahir. Partout ils avaient ouvert des écoles primaires, des écoles secondaires pour répandre leur langue au détriment de la nôtre, établi des communautés religieuses qui exerçaient une incontestable influence sur l'opinion de la bourgeoisie et de l'aristocratie bureaucratique des villes. De véritables colonies allemandes étaient venues s'implanter sur la frontière occidentale de l'empire russe. Des lois furent alors édictées pour les empêcher de s'emparer du sol et de démembrer en pleine paix certaines provinces. En vain ces lois mettaient pour conditions à l'acquisition des terres la condition de se faire naturaliser, M. de Bismarck s'empressait de faire savoir que cette naturalisation n'empêchait pas le nouveau citoyen russe de conserver ses droits de citoyen allemand ; en réalité, les prétendus colons n'étaient que des éclaireurs de l'armée prussienne qui préparait ainsi son entrée sur le territoire moscovite. Heureusement Alexandre III ne fut pas dupe de ces habiletés et prit les mesures de rigueur nécessitées par les circonstances.

L'histoire est là pour prouver que, depuis Pierre le Grand, la Russie a maintes fois recherché l'alliance de la France ; nos gouvernements et notre diplomatie sont restés sourds à ces propositions ; nous avons payé cher ce dédain.

En voilà plus qu'il ne faut pour prouver que des sympathies anciennes existent de la Russie à l'égard de la France ; en dépit des puissances hostiles, cette sympathie s'était hautement manifestée lors des fêtes de Cronstadt, dont il faut lire le récit authentique pour voir que les nôtres n'avaient rien d'exagéré. L'enthousiasme fut indescriptible dans toutes les classes de la population russe quand nos marins débarquèrent à Saint-Pétersbourg. A ce point que le préfet de la ville, M. de Gresser, inquiet d'un mouvement populaire extraordinaire, téléphona à l'Empereur alors au palais de Peterhof : « Sire, la ville est en révolu « tion par l'arrivée de ces marins français, je n'at- « tends que les ordres de Votre Majesté pour tout « faire rentrer dans l'ordre. » — « Cela va bien « ainsi, répondit l'empereur, laissez-les conti- « nuer. » Tous nos navires étaient encombrés de fleurs, de présents, et il faut nous reporter à la réception qui fut faite à Toulon et à Paris aux marins russes pour avoir idée de celle qui accueillit les nôtres à Saint-Pétersbourg.

Le grand argument exploité en Allemagne contre l'union franco-russe, c'est qu'un Empire ne peut guère s'allier à une République. A cette objection M. Flourens répond, sans même invoquer les faits récemment accomplis sous les yeux de l'Europe, que l'Empire en Russie ressemblant beaucoup plus à l'Empire romain, où tous les pouvoirs du peuple se trouvaient absorbés par un magistrat unique, qu'aux empires féodaux de l'Europe centrale, c'est une République authentique : les institutions républicaines n'ont donc rien qui choque et effraye les sentiments du peuple russe.

Je passe sur les chapitres que M. Flourens, armé de documents irréfutables, a consacrés aux grands travaux accomplis par le Tsar dans son Empire, réorganisation de son immense armée, création de gigantesques lignes de chemins de fer, amélioration du système financier, etc., etc., toutes révolutions pacifiques intérieures qui ont eu pour effet de concentrer les forces autrefois éparses de la Russie. Ce sont ces progrès, fruits de tant de patiente sagesse qui, tout autant au moins que la crainte de nos revendications, ont donné à réfléchir à l'Allemagne, laquelle s'est précipitée éperdue dans la Triple Alliance en se rappelant le mot de Frédéric-Guillaume : « J'aime les amis forts, mais pas les voisins puissants ! »

VIII

PAUL COTTIN

L'Angleterre devant ses alliés

L'Angleterre devant ses alliés, est le titre d'une brochure qui ne saurait concilier de grandes sympathies à son auteur, M. Paul Cottin, de l'autre côté du détroit. C'est un réquisitoire impitoyable, accumulant les récits de crimes qui auraient été accomplis par les Anglais à Toulon en 1793, à Anvers en 1794, à Quiberon et à la Guadeloupe en 1795, en Egypte de 1798 à 1800, à Naples en 1799, à Cadix et à Cabrera en 1808. Parmi les pages les plus curieuses citées par le directeur de la *Revue rétrospective*, je citerai celle-ci, relative aux massacres de septembre.

Il n'y a point de raison pour suspecter la bonne foi de Barère, quand il raconte dans ses *Mémoires* que Condorcet, chargé de rédiger une adresse aux nations de l'Europe, « y parlait à deux reprises des scènes sanglantes de la Révolution et y rejettait, au nom de la nation, les massacres du 2 septembre sur ses exécrables auteurs et sur les ennemis aussi hypocrites qu'atroces de nos principes et de notre liberté. »

Les agents anglais ont, en effet, joué un certain rôle dans les massacres de septembre. Le président du comité de la section des Quatre-Nations, Jourdan, raconte que le 2 septembre, à minuit, en sortant de l'église de l'Abbaye où se tenait l'assemblée générale, il fut arrêté dans la cour « par une haie de spectateurs qui regardaient passer une victime que l'on traînait à la mort en la tirant par les pieds et en la hachant à coups de sabre ». Son attention fut attirée par deux personnages qu'il ne s'attendait pas à rencontrer là.

« Je vis alors, dit-il, deux Anglais, un de chaque côté
» de la haie, vis-à-vis l'un de l'autre. Ils offraient à boire
» aux massacreurs, et les pressaient en leur portant le
» verre à la bouche. J'entendis un de ces massacreurs,
» qu'ils voulaient faire boire de force, leur dire :
» Eh! f...! laissez-moi tranquille ; vous nous avez
» fait assez boire ; nous n'en voulons pas davantage. »
» Je remarquai, à la lueur de quelques flambeaux qui
» entouraient la victime, que ces deux Anglais étaient en
» redingotes ; elles descendaient jusqu'au talons. Celui à
» côté de qui j'étais me parut être un homme d'environ
» trente-huit ans, de la taille d'environ cinq pieds quatre
» pouces, d'une complexion grasse. Sa redingote était
» d'un duvet clair tirant sur l'olive ; l'autre Anglais
« était plus maigre. Sa redingote me parut d'une couleur
» foncée, tirant sur l'ardoise. Je reconnus que c'étaient
« des Anglais parce que je les entendis parler entre
» eux. »

Et, en note :

Jourdan rappelle que le cabinet de Londres n'obtint

l'adhésion du peuple anglais à la guerre contre la France et, par suite, les subsides nécessaires, qu'après le 2 septembre ; il rapproche la présence des deux agents britanniques à l'Abbaye d'un autre fait bien connu, celui du mouchoir remis au bourreau par un Anglais, lors de l'exécution de Louis XVI. Ce mouchoir, trempé dans le sang du roi et suspendu ensuite au sommet de la Tour de Londres, contribua à exciter la fureur du peuple : « Il y a tout lieu de croire, conclut Jourdan, que c'est le gouvernement anglais qui a été le moteur et l'instigateur de toutes les horreurs qui ont couvert la France de deuil. »

Tout cela est bien grave, et les notes données par M. Cottin, les témoignages qu'il cite ne sont pas faits pour lever les doutes en faveur de l'Angleterre. Malheureusement, la présence de quelques Anglais aux massacres ne justifiera jamais nos trop nombreux massacreurs, à qui on ne peut retirer d'avoir été des Français, pour la honte de la France.

IX

YVES GUYOT

La tyrannie socialiste

Un livre d'actualité : *La tyrannie socialiste*, par M. Yves Guyot ; on y trouvera une suite d'études sur les origines du socialisme, ses programmes, ses progrès et leur caractère, l'évolution de la propriété, sur la question des salaires, des crises économiques, la réglementation du travail des femmes et des enfants, sur les syndicats, le goût et les conséquences des grèves, sur l'anarchie, le militarisme, le protectionnisme et les dernières évolutions socialistes. M. Yves Guyot explique nettement sa doctrine, et dans son livre je trouve cette profession de foi :

Je considère toujours que c'est par l'étude et l'observation des lois de la science sociale que l'humanité peut réaliser des progrès. Les déclamations des socialistes révolutionnaires, les prétentions des socialistes possibilistes, les explosions de dynamite, n'ont pas modifié des idées qui avaient été fortifiées chez moi, à cette époque, par le spectacle lamentable des hommes et des choses de la Commune; je considère que tout ce qui la rappelle ou prépare le retour d'un événement analogue ne peut pas être plus utile à l'avenir des travailleurs que ne l'a été dans le passé cette odieuse folie.

J'ai combattu au Conseil municipal les essais de socialisme municipal, comme l'établissement de la Série des prix de la ville de Paris, en 1882; j'y ai fait rejeter, en 1884, la première proposition de subvention à des grèves qui s'y soit produite. Je me suis mis en travers des anarchistes, qui, le 11 mars 1883, voulaient entraîner une réunion de maçons à une manifestation de Louise Michel. Ils témoignèrent leurs sentiments à mon égard en essayant de m'assommer à l'aide de coups de poing américains et autres instrument variés.

Sans qu'elle se manifestât par ces voies frappantes, il y a toujours eu incompatibilité d'humeur entre les socialistes et moi.

Je citerai enfin cette partie de la conclusion :

En réalité, entre les prétentions des socialistes et leur caractère réel, il y a contradiction complète, à commencer par leur titre même; car, comme nous venons de le démontrer, ce sont des antisociaux. Ils se prétendent égalitaires, et ils emploient tous leurs efforts à constituer des inégalités. Ils réclament la liberté pour eux, mais dans le but d'opprimer les autres et eux-mêmes réciproquement. Ils se prétendent « avancés » et les procédés qu'il proposent aboutissent à frapper d'arrêt de développement ceux à qui ils s'appliquent; et l'idéal qu'ils nous offrent c'est la régression vers des civilisations passées.

Voilà le livre qui certes va attirer encore bien des orages sur la tête de son auteur, car il est difficile d'oser dire aujourd'hui sa pensée sans avoir à craindre de se voir insulter, diffamer par ceux-là mêmes qu'on veut servir; de vouloir agir en homme libre, dans un pays qui a tant répété le mot : Liberté, qui s'en est assourdi et qui ne veut plus l'entendre.

X

G. LENOTRE

La Guillotine pendant la Révolution

Ce n'est pas précisément l'histoire de la Révolution française que M. G. Lenotre nous donne sous ce titre : *La Guillotine et les exécuteurs des arrêts Criminels à Paris et dans les provinces pendant la Révolution,* mais cela y ressemble terriblement, car il est, hélas ! difficile de parler de l'une sans parler aussi de l'autre. C'est dans des documents inédits, tirés des archives de l'Etat, que l'auteur a puisé ses renseignements sur tout ce qui concerne le fonctionnement de l'échafaud à cette époque, nous initiant à bien des secrets du métier, aux nominations des exécuteurs des hautes œuvres, aux détails de leur vie, appointements, petits bénéfices, etc. Le nouvel état de choses devait, tout en agrandissant leur importance, leur retirer bien des profits, comme par exemple ceux des exécutions chez des particuliers qui leur demandaient le secours de leur ministère, comme on réclame celui d'un grand opérateur ; témoin l'histoire authentique, citée par M. Lenotre, du bourreau Jérôme Meuger, puni pour avoir été, en 1777, trancher une tête chez des gens qu'il ne connaissait pas ! Tout l'interrogatoire de l'exécuteur, à qui on avait bandé les yeux et qui ne vit rien que le condamné, semble un chapitre de roman ; c'est pourtant de l'histoire.

Les bourreaux de M. Lenotre ne ressemblent en rien au bourreau terrible de Joseph de Maistre ; ce sont, pour la plupart, de pauvres diables qui sont toujours à court d'argent, et qui passent le temps où ils n'exécutent pas à demander l'amélioration de leur situation pécuniaire. Il en est cependant qui, comme Sanson, touchent des traitements de 10,000 livres par an. Néanmoins la plupart se plaignent : « Nous avons, disent-ils
« dans une supplique, tout sacrifié pour soutenir
« la Révolution ; nous sommes encore prêts à
« tout faire pour le maintien de la République
« française une et indivisible, et pour la défendre
« ainsi que la Convention nationale, contre les in-
« trigues des tyrans coalisés et des rebelles. »
On n'est pas de meilleure composition. Et pourtant ils étaient fort recherchés par les accusateurs publics qui se les disputaient comme nos impresarios font des ténors ; quelques-uns étaient

prêtés, comme des comédiens qui vont jouer sur un autre théâtre que le leur, en des représentations extraordinaires : « l'exécuteur de l'Isère « est parti pour Commune affranchie, afin d'y « aider son frère que la rapidité des opérations « fatigue extraordinairement. »

Giraud, jaloux de Paris, écrivait : « Je cite-«rai toujours Paris, car Paris peut servir de mo-« dèle à tout. A Paris donc, l'art de guillotiner a « acquis la dernière perfection. Sanson et ses « élèves guillotinent avec tant de prestesse qu'on « croirait qu'ils ont pris des leçons de Comus, à « la manière dont ils escamotent leur homme ; « ils en ont expédié douze en treize minutes. En-« voyez donc à Paris l'exécuteur des hautes « œuvres de Marseille pour faire un cours de « guillotine auprès de son collègue Sanson, car « nous n'en finirons pas. »

Le chapitre des bourreaux amateurs, recherchés par certains conventionnels en mission, est rempli de curieux détails ; l'un s'intitule : *Vengeur du peuple* ; l'autre, pour éclipser ses confrères, a l'idée de ranger les têtes qu'il vient de couper, toutes les unes auprès des autres, sur l'esplanade de la guillotine, pour composer un *parterre* de vingt-six têtes de suppliciés.

Je passe bien d'autres atrocités, d'incroyables raffinements ; l'histoire de l'échafaud à Rennes ne saurait être citée ici ; qu'il suffise de savoir que dans cette ville, outre le fonctionnement régulier de l'échafaud, on avait organisé une comgnie d'enfants pris dans la bourgeoisie aisée et que l'on appelait : l'*Espoir de la patrie*. On les employait à fusiller, dans le cimetière Saint-Etienne, les infortunés ramassés par les mobiles. On procédait par quinze ou vingt à la fois. La plupart, mal atteints par les jeunes apprentis bourreaux, n'étaient pas tués sur le coup. Un bourreau avait, par amour de la symétrie (il s'appelait Outredebanque), groupé sur son échafaud les cadavres de l'un et l'autre sexe dans des positions étudiées. Un autre avait fait placer un orchestre près de la guillotine ; Lebon a nié le fait, mais il pouvait avoir ses raisons pour cela.

Dans ce livre, la dynastie des Sanson occupe naturellement la place d'honneur. L'auteur fait justice de tous les mémoires apocryphes publiés sous le titre de : *Mémoires de Sanson* ; un fait curieux à relever est celui-ci que, sous l'ancienne législature, la charge d'exécuteur pouvait être confiée à un enfant. Un Sanson fut bourreau à sept ans ; il avait obtenu la survivance de cette charge tout comme on obtenait alors un régiment ou une abbaye, dès le berceau. Mais ce qui m'a paru devoir attirer particulièrement l'attention des chercheurs, c'est que Louis XVI ni

Marie-Antoinette, ni Madame Elisabeth n'auraient été exécutés par Sanson, bourreau titulaire, mais par son fils, le grand et beau jeune homme aux cheveux blonds et frisés dont parle l'abbé Edgeworth ; le père se serait probablement réservé les simples expositions ; peut-être même se serait-il tenu à l'écart pendant la Terreur, ce qui expliquerait qu'on ait pu le croire mort, ainsi que l'ont répété bien des historiens.

Chose curieuse rapportée par M. Lenotre, on exhuma pendant la Commune les ossements des aïeux des Sanson qui reposaient dans un caveau de l'église de Saint-Laurent et qu'on fit passer pour les restes de femmes victimes de la férocité du curé de Saint-Laurent. En tout cas, ces ossements n'appartenaient pas à ceux des Sanson qui ont exercé depuis la Révolution, car leur tombeau de famille est situé au cimetière Montmartre ; on lit avec étonnement sur la plaque qui porte leurs noms, depuis Charles-Henri Sanson, né le 15 février 1739 et mort en 1806, cette phrase singulière au-dessous du nom d'un membre de cette dynastie de bourreaux : « Tu n'as fait que du » bien. Dieu te récompensera selon tes *œuvres*. » « Tes *hautes* œuvres » eût été plus juste.

On se demande souvent ce que deviennent les oiseaux morts ; de même que la forêt a ses mystères, le monde des hommes a aussi les siens, et l'on ne sait guère ce qu'il arrive généralement des bourreaux hors de service. Le plus souvent ils changent de nom et vivent dans des villages côte à côte avec des voisins qui ne se doutent guère des fonctions qu'exerçait ce brave homme qui cultive un petit jardin mitoyen. M. Lenotre nous renseigne sur la fin de quelques-uns d'entre eux. Pour ma part, j'en ai rencontré un dans ma jeunesse qui terminait assez singulièrement sa vie. Un jour, vers 1857, dans le bureau d'un commissaire de police, je vis un petit homme d'une soixantaine d'années, à l'air fort doux, vêtu d'un paletot de couleur verdâtre, la tête couronnée de cheveux blancs, le visage glabre, demander au secrétaire son certificat de vie. Il dicta son nom que j'ai oublié, déclara demeurer rue des Gravilliers et y exercer la même profession qu'au trimestre précédent. Le certificat rédigé, il se prépara à se retirer, en saluant tout le monde avec une politesse extrême, puis, mettant le papier dans son portefeuille, il dit : — « Maintenant, je n'ai plus qu'à aller toucher ma pension. » Dans un mouvement qu'il fit, son chapeau tomba, je le lui ramassai, il le prit et partit en se confondant en remerciements.

— Savez-vous qui est l'homme qui vient de sortir ? me demanda, tout en écrivant, le secrétaire du commissaire ; je répondis : non, naturellement. — Eh bien ! continua-t-il, c'est l'ancien bourreau de Lyon. Et sans laisser reposer mon étonnement, il ajouta : — « Devinez le métier qu'il fait » ? Je souris pour affirmer mon ignorance. — « Cet homme, qui a jeté tant de têtes dans des paniers de son, fabrique des poupées de petites filles ; il les regonfle quand elles ont perdu leur *son*, et il leur remet des têtes. »

Un bourreau remettant des têtes ! c'est là une chose trop rare pour que je l'aie pu oublier. Ceux qui douteraient de l'authenticité de ce récit pourraient retrouver le nom du bourreau en question sur les registres d'émargement du Ministère de la justice. Là s'arrêtèrent mes courtes relations avec ce fonctionnaire retraité.

XI

A. FILON

Profils anglais

M. A. Filon vient d'accroître ses beaux travaux sur l'Angleterre d'un nouveau volume intitulé *Profils anglais*, dans lequel il a consacré des études à Churchill, Chamberlain, Morley et Parnell. Elles résument avec une rare clarté le rôle de chacun de ces hommes remarquables à des points de vue différents, et préparent bien des documents utiles pour ceux qui voudront écrire l'histoire de l'évolution démocratique en Angleterre aux XIXe siècle. Au commencement d'une excellente introduction je trouve cette page qui peut donner un avant-goût du livre :

Voici à peu près comment Charles Lamb raconte l'invention du rôti de porc.

A une époque très ancienne et dans le coin le plus reculé de certaine province chinoise que les géographes ont oubliée sur les cartes, il arriva qu'une maisonnette fut détruite par un incendie. Gens, bêtes et meubles, tout ce qu'elle contenait fut brûlé. Les voisins se cotisèrent pour enterrer décemment le propriétaire du logis. qu'on découvrit sous les ruines. On y découvrit aussi un petit cochon, et l'idée vint à un des spectateurs de lui donner une sépulture dans son estomac. L'animal, naturellement tendre, se trouva cuit à point. D'autres en goûtèrent et cette petite fête laissa un long souvenir dans l'âme de ceux qui y avaient pris part. Ils soupiraient tous après un nouvel incendie qui leur apporterait la même aubaine, mais personne n'entendait donner l'exemple ; aucune maison ne voulait brûler dans la province. Pas d'incendie, pas de cochon rôti. Le hasard refusant de s'en mêler, on l'aida en mettant le feu à une ou deux huttes, qu'on savait pourvues du précieux habitant. La coutume s'en perpétua. Pourtant, le régal était rare, car on ne peut brûler tous les jours une maison, et le rôti de porc était considéré comme un plat très cher.

Un sage vint à passer parmi ces hommes simples et sans artifice. « Bonnes gens, dit-il, il n'est pas nécessaire de brûler une maison avec tout ce qu'elle renferme pour vous procurer la nourriture que vous aimez. » Et il leur apprit ce grand secret d'embrocher le cochon et de le faire tourner au-dessus d'une demi-douzaine bûches enflammées. Sur quoi ces honnêtes Chinois en firent un roi, peut-être un dieu.

Ce sage n'a pas encore passé chez nous. Nous continuons à brûler la maison pour manger le cochon, c'est-à-dire à faire une révolution chaque fois que nous voulons obtenir un progrès.

Un exemple moins légendaire et encore meilleur à retenir est celui de M. le conseiller impérial Gaspard von Gœthe, père du grand poète. Etage par étage, chambre par chambre, il reconstruisit toute sa maison sans la démolir et sans cesser de l'habiter avec sa femme et ses enfants. Quand ce fut fini, le vieux logis gothique, biscornu, plein de mystère et de recoins sombres, où nichaient les toiles d'araignée et les fantômes, se trouva transformé en une agréable maison moderne, spacieuse et claire, où jouait l'air pur, où riait la lumière de Dieu.

Ainsi a fait, ainsi fait en ce moment l'Angleterre.

Dans le chapitre consacré à l'enfance de Parnell, je trouve cette anecdote curieuse et significative :

Ce fut un vieux garde-chasse du nom de Gaffney qui lui donna ses premières leçons d'histoire. Comme ces derniers chouans qu'on trouvait encore dans nos campagnes de l'ouest il y a quarante ans, et que leurs petits-fils écoutaient en frissonnant, Gaffney racontait au jeune Parnell ce qu'il avait vu en 98, au temps de la rébellion. Voici une des scènes auxquelles il avait assisté. « Il y avait un rebelle. On l'avait pris. On l'avait condamné à être attaché à l'arrière d'une charrette et fouetté jusqu'à ce que mort s'ensuivît. Le commandant des Anglais, un colonel Yeo, trouva que la peine était trop douce. Il décida que l'homme recevrait les coups de fouet sur le ventre au lieu du dos. On l'a donc traîné depuis le moulin jusqu'à la vieille guérite de Rathdrum. Je l'ai vu fouetter ; j'ai entendu ses cris. Il hurlait : — Colonel Yeo ! colonel Yeo ! Par pitié ! Qu'on me tue ! — Non, disait le colonel. L'homme râlait, ses entrailles sortaient. A la fin il s'est tu. Il a rendu l'âme là où vous êtes... Oui, ils ont fait ça, les Anglais ! »

Le soir, après la chasse, dans sa *shooting-box* d'Aughavenna, le jeune Parnell, à son tour, répétait ce récit à ses amis. Et, pendant qu'ils pâlissaient d'horreur et de colère, lui restait calme. Peut-être le crurent-ils indifférent. Ils ne savaient pas qu'il y a, dans certaines âmes, au plus profond, une pitié grave et froide comme la justice.

Dans ce livre d'histoire, rendu intéressant, je ne dirai pas comme un roman, car il en est bien peu qui le soient présentement, mais comme doit l'être un livre d'histoire, on trouvera mainte anecdote aussi caractéristique d'un individu ou d'une époque.

XII

G. LARROUMET

Etude de littérature et d'art

Sous ce titre : *Etude de littérature et d'art*, M. Gustave Larroumet vient de faire paraître une suite de chapitres de haut intérêt littéraire et parmi lesquels nous signalerons « Somaize et la Société précieuse », étude sur ce singulier personnage qui criait: au voleur ! en dépouillant Molière et en lui faisant l'injure de traduire sa belle prose en misérables vers. Tout en parlant de cet oublié, M. Larroumet nous promène dans le monde du temps des Précieuses que, par beaucoup de côtés, rappelle souvent le nôtre. J'attirerai aussi l'attention des lecteurs sur les études intitulées : « Le public et les écrivains au dix-septième siècle, et la critique contemporaine » ; les origines du romantisme », rappelant les belles pages, déjà signalées, écrites sur le prince Napoléon ; les vérités dites à propos du centenaire de Scribe, les si intéressantes recherches sur la vie d'Adrienne Lecouvreur, les critiques sur « la peinture française et les chefs d'Ecole » et la personnalité littéraire de M. Brunetière.

Une des parties maîtresses de ce livre est certainement celle qui est consacrée à l'Académie des Beaux-Arts et aux anciens académiciens. En la traitant, M. Larroumet y attachait un triple intérêt et par les hautes fonctions qu'il a occupées, et par son titre d'académicien, et par l'ouvrage qui lui a servi de texte. Il s'agit en effet du livre si richement documenté, si plein de vues élevées sur l'art, que M. le comte Henri Delaborde, secrétaire perpétuel de l'Académie des Beaux-Arts, a publié l'an dernier, et qui résume l'histoire de cette Académie, depuis la fondation de l'Institut. Le chapitre consacré aux luttes entre les *maîtres jurés* et les *brevetaires*, explique clairement la situation qui était faite aux artistes lorsque Lebrun, cet homme de génie, un peu trop oublié aujourd'hui, conseilla aux artistes de se constituer en Académie. Dès lors, l'Ecole française est fondée et son enseignement se complète par la création de l'Ecole de Rome en 1866 ; les Salons s'ouvrent et l'art entre dans cette magnifique période qui a valu à la France tant de grands artistes.

La Révolution, dont la mission semble avoir été de tuer en art tout le charme et l'esprit français, n'a pu, en dépit de David et des coteries qui poussaient déjà à la décadence de notre école, faire qu'on ne dresse aujourd'hui des statues à Watteau, et que le xviiie siècle règne en maître dans toutes les riches collections. Tout a son tour en art, même, hélas ! ce qui est laid et insensé, mais les nuages qui l'obscurcissent périodiquement finissent toujours par se dégager, et il semble qu'il sorte de plus en plus resplendissant de ces éclipses momentanées. Le livre du comte Delaborde et celui de M. Larroumet fortifieront et rassureront ceux qui croiraient l'art sérieusement menacé ; tous deux leur répondront par un argument sans réplique : l'histoire.

XIII

LE COMTE CHAPTAL

Mes souvenirs sur Napoléon

De tous les livres qui ont paru depuis quelque temps sur l'Empereur, celui qui me semble renfermer le plus de renseignements inédits est le volume que M. le vicomte An. Chaptal vient de publier sous ce titre : *Mes Souvenirs sur Napoléon, par le comte Chaptal.* Ces documents si intéressants sont précédés des mémoires personnels de Chaptal, rédigés par lui-même, de 1756 à 1804, et continués, d'après ses notes, par son arrière petit-fils, jusqu'en 1832. On y trouvera les détails d'une belle et honnête vie, faite d'importants travaux et de découvertes scientifiques en même temps que de dévouement à la chose publique ; on y remarquera cette volonté persistante que rien ne put rebuter ni distraire, même l'orage révolutionnaire.

Chaptal se destina à la médecine, et ce fut un fait assez extraordinaire, comme il le dit, qui vint refroidir son zèle pour l'anatomie ; à l'amphithéâtre il trouva le corps d'un jeune homme mort depuis quatre ou cinq heures ; il le reconnut pour lui avoir servi plusieurs fois à ramasser ses boules au jeu de mail. Malgré l'impression qu'il en ressentit, Chaptal se mit en devoir de le disséquer. Au premier coup de scalpel pour dégager le sternum, le prétendu cadavre porta la main sur son cœur et remua la tête ; l'étudiant effrayé se sauva et abandonna l'étude de l'anatomie. Chose curieuse, il ne nous dit pas si le malheureux opéré survécut à l'opération.

Cherchant une autre voie, Chaptal vient à Paris, il tombe dans la société de Roucher, Berquin, Delille, etc., écrit des comédies que, par bonheur, on ne lui joue pas, devient chimiste et s'établit à Montpellier où commence sa réputation de savant ; il y découvre le secret de teindre *l'andrinople* ; la politique l'entraîne, mais, arrêté pour crime de fédéralisme, il est enfermé ; mis en liberté, il fabrique du salpêtre pour la République, devient professeur à l'Ecole polytechnique, fait courageusement l'apologie de Lavoisier, est nommé membre de l'Institut, puis appelé au Conseil d'Etat, est remarqué par le premier consul, et enfin appelé au Ministère de l'intérieur.

C'est alors qu'il peut accomplir les améliorations de toutes sortes qu'il a rêvées. Une visite à l'Hôtel-Dieu lui apprend ce qu'il désirait savoir.

Soixante fous liés par les jambes et par les mains aux quatre pieds du lit occupaient les salles supérieures ; leurs cris ne permettaient aucun repos aux malades ; leur martyre ne finissait que par la mort ; les autres malades (deux mille environ) étaient couchés deux à deux dans le même lit. Dès le lendemain, les fous étaient transférés à Bicêtre et à Charenton, et un nouveau règlement appliqué à l'hospice. Chaptal obtient le rétablissement des sœurs hospitalières, propose pour Paris des embellissements dont quelques-uns n'ont pu être réalisés que sous le baron Haussmann, fait terminer le Louvre, demande de l'eau pour Paris, un emplacement pour l'Opéra près de l'endroit où il existe présentement, vient en aide à Sophie Arnould, à Clairon, vit dans l'intimité de Bonaparte qu'il étudie et admire à la fois.

Qui se fût attendu à trouver une aventure de femme dans la carrière de Chaptal ? Mais le cœur d'un savant n'est pas d'airain, et Mlle Bourgoin en savait quelque chose. Un soir que Napoléon travaillait avec son ministre, on vint lui annoncer l'arrivée de Mlle Bourgoin. L'Empereur la fit prier d'attendre. C'était un coup de théâtre qu'il avait préparé. Chaptal mit ses papiers dans son portefeuille et s'en alla brusquement. La nuit même, il rédigeait sa lettre de démission.

A défaut du ministère, Napoléon rendit à Chaptal toute sa faveur. Bien que retourné à ces grandes études qui ont fait sa gloire, il se retrouva bien des fois avec l'Empereur, le vit encore dans l'intimité, et c'est ce qui donne un grand prix aux notes qu'il a laissées; elles sont peu nombreuses mais font connaître l'homme et complètent pour ainsi dire le livre de Las Cases. Les traits de bonté et de férocité, de clairvoyance et d'aveuglement coléreux y abondent. Si Napoléon est reconnaissant à son vieux professeur Domairon, il a gardé rancune à un autre de ses professeurs qui l'a jadis puni trop sévèrement, et il le lui prouve étant Empereur. Il traite d'imbécile le cardinal Fesch qui avait conseillé à Josephine de lui jeter son assiette à la figure s'il voulait faire gras le vendredi. Ses façons de parler à ses généraux expliquent sa profession de foi : « J'ai fait des courtisans, je n'ai jamais prétendu me faire des amis. » Témoin ce dialogue entre l'Empereur et Gouvion se présentant au lever des Tuileries. L'Empereur lui adresse la parole du ton le plus calme :

Napoléon. — Général, vous arrivez de Naples?

Le Général. — Oui, sire, j'ai cédé le commandement au général Pérignon, que vous avez envoyé pour me remplacer.

Napoléon. — Vous avez sans doute reçu la permission du ministre de la guerre ?

Le Général. — Non, sire, mais je n'avais plus rien à faire à Naples.

Napoléon. — Si, dans deux heures, vous n'êtes pas sur le chemin de Naples, avant midi, vous êtes fusillé en plaine de Grenelle.

Le même homme renvoyait sans reproches un notaire qui lui tint tête et lui affirma qu'il était dans son droit, en mariant sans son consentement son frère Lucien. Parlant de l'émigration, il dit à propos des nobles : « Leur poste d'hon-
« neur n'était ni dans les clubs ni à la Convention ;
« il était à Coblentz. » Il a l'horreur des Jacobins et dit à ceux qui l'entourent : « Dans un moment
« de crise, vous ne seriez pas assez forts pour
« les contenir ; si je viens à mourir, gardez-moi
« huit jours dans mon lit, en faisant croire que
« je respire encore, et profitez de ce moment
« pour les mettre hors d'état d'agir. »

Chaptal lui trouve généralement « le ton d'un jeune lieutenant mal élevé » ; il chantonne, il siffle en sortant de son cabinet, sans s'interrompre devant les femmes qu'il accoste, demandant, par exemple, à une jeune fille si elle a des enfants, et bien d'autres traits. Sa cour, dit-il, était une vraie galère, où chacun ramait selon l'ordonnance. Personne n'était à l'aise dans la société de Napoléon, que lui seul. Chaptal rappelle de lui des traits de mémoire prodigieuse et cite cette féroce réponse à un ministre russe qui lui parlait des ressources de son pays pour recruter l'armée. « J'en conviens, dit-il, mais votre maître a-t-il, comme moi, 25,000 hommes à dépenser par mois ? » — Enfoncez l'ennemi, criait-il sur le champ de bataille, à Nansouty, chargeant à la tête de la cavalerie de la garde, faites-les périr, s'il le faut, je ne les ai pas dorés pour eux !

Ces citations ne sont à la vérité pas à l'éloge du cœur de Napoléon, mais Chaptal avait le droit de les faire, car, en même temps qu'il les donne, il rend justice à son prodigieux génie et ne cherche pas à se défendre du prestige que lui-même a subi comme l'Europe entière.

XIV

JEAN ROUSSEAU

Ma Juliette

Ceci n'est point œuvre de littérature, ce n'est pas ce qu'on appelle un livre, c'est à la fois bien moins et beaucoup plus. La brochure que je signale, porte sur sa couverture en cinq lignes : JEAN ROUSSEAU *(Œuvre posthume)* ; MA JULIETTE, *Souvenirs d'une morte.*

J'ai dit que ce n'était point un livre, j'ajoute que c'est un véritable cri de douleur que comprendront surtout ceux qui ont subi le deuil le plus cruel et le plus terrifiant que la nature ait infligé à l'homme. C'est pour lui seul, au lendemain de la mort de sa fille, que Jean Rousseau a rempli ces pages qu'on peut dire écrites de larmes : Je ne sais rien de plus navrant que ces plaintes contenues parce qu'elles sont dominées par l'étonnement du père devant le rapt que vient de lui faire la nature en lui prenant l'enfant bien-aimée pour qui il rêvait un monde de bonheur et même un peu de gloire. Car, artiste qu'il était, Jean Rousseau, dont les lecteurs du *Figaro* n'ont pas oublié le nom, avait guidé sa Juliette dans ses essais de peinture, manifestations précoces d'une âme délicate et élevée.

C'est au lendemain de la mort de sa fille que le père a commencé à réunir ses souvenirs de cette petite vie dans laquelle il avait fait tenir tout ce qu'il avait pu de félicité terrestre. Comme un avare qui ramasserait grain à grain des parcelles précieuses de poussière d'or, on le voit recueillant les moindres faits, puérils en apparence, qui lui servent à reconstituer le monument de son bonheur écroulé. Une promenade, un mot, un ruban de cheveux, il veut tout se rappeler, et faire revivre tout ce qui n'est plus, un geste de jeune fille, une caresse, un sourire de petit enfant.

Pensant bien que sa famille désirerait lire ces pages intimes, il n'a pas voulu, par une exquise pudeur, écrire même le nom de celle qu'il a perdue, et lui donne celui de Juliette, de l'héroïne de Shakespeare qu'on ne se rappelle, avec Musset, qu'errante à travers les tombeaux. Il la suit heure par heure. Un détail navrant : elle vient de mourir, il la regarde avec stupeur, il ne la reconnaît plus dans ce pâle profil à l'œil entr'ouvert et terni !

« — Non ! je rêve. On me trompe, ce n'est pas là ma fille !... » Puis viennent des détails funèbres que savent trop ceux qui ont mis au tombeau les êtres qu'ils aimaient :

Pour ensevelir ma Juliette, on lui passa sa robe de bal, et ce fut la première fois qu'elle la mit ; la maladie l'avait clouée au lit la veille même de cette fête dont elle avait rêvé si souvent, si longtemps d'avance. Mais les souliers, les souliers de satin blanc qui vont avec cette robe de mousseline, où sont-ils ? Je ne les trouvais pas : j'avais la tête perdue. Ce n'est que plus tard, huit jours plus tard, que je les ai découvertes au fond d'un tiroir, ces petites mules enrubannées, que je garderai jusqu'à la fin de mes jours, reliques charmantes, que je ne peux voir sans pleurer.

La nuit vint, des hommes entrèrent : on la scella dans le cercueil. Il me fallut encore assister à ces apprêts affreux en compagnie de mon pauvre Paul, ce courageux enfant, qui n'avait pas voulu me quitter, et qui, à bout de forces, se collait contre moi en frissonnant et en sanglotant.

Ce n'est là, dira-t-on, qu'une douleur que bien d'autres ont ressentie, mais la nature la reproduit avec tant de variétés dans sa cruauté qu'elle semblera toujours nouvelle. Je ne suivrai pas le pauvre père promenant à son bras la petite poitrinaire sous les regards étonnés et involontairement cruels des gens du quartier venus sur leur porte ; autant de coups de couteau pour son cœur ! Dans l'agonie de la chère aimée, on le voit se reprendre à espérer, parce que dans les dernières suffocations un souffle parut revenir à Juliette avec une dernière lueur de beauté ; le sang était remonté à ses joues, mais ses yeux dilatés par l'épouvante semblaient dire : — Quoi ! c'est la mort déjà !

Combien un tel livre laisse derrière lui ceux qui ne vivent que par l'imagination, et quelle littérature, quelle éloquence d'artiste consommé vaudra jamais le cri chaud et vivant poussé par l'homme, l'animal blessé ! — « Au secours, père ! » n'est-il pas un appel effroyable parti de la jeune bouche d'où va bientôt s'exhaler une âme ! Je m'arrête ; tout le livre est à lire, mais tout le monde ne le devra pas lire ; il est fait d'une douceur et d'une résignation qui le rendent plus cruel encore quand on sait par expérience à quel prix elles ont été achetées.

Sans aller au-devant d'elle, le père attend patiemment la mort qui doit lui faire revoir sa Juliette : « Pour moi », dit-il naïvement et en ferme croyance, « il me semble qu'elle doit trou-
« ver le temps bien long après nous, et se dire
« que nous ne l'aimions guère et que nous ne
« nous pressons pas. » Parfois il est obsédé par cette horrible angoisse qu'heureusement sa foi lui rend passagère : « Si je ne la revoyais jamais ! » Puis le livre se termine par cette prière, si belle

dans sa simplicité : — « Puisque vous avez, en la
« reprenant, Dieu bon, dépouillé pour moi la
« mort de son horreur, puisque vous me l'avez
« rendue désirable, bienfaisante et douce, ne me
« la faites pas si longtemps attendre ! »

Le vœu de Jean Rousseau a été exaucé, il est mort souriant à l'enfant qui l'attendait.

XV

K. WALISZEWSKI

Le Roman d'une impératrice

Dans un gros volume paru chez Plon et intitulé : *le Roman d'une impératrice*, par M. K. Waliszewski, je trouve réuni à peu près tout ce qui s'est dit et écrit sur Catherine II de Russie ; l'auteur nous dit qu'il a composé ce livre non seulement avec les mémoires et la correspondance de la grande souveraine, mais aussi avec les documents inédits des archives d'État.

Toute la première partie de l'ouvrage est consacrée à l'enfance de la future Impératrice, à son arrivée en Russie, à son mariage, à la seconde éducation qu'elle y reçut en venant d'Allemagne. M. Waliszewski nous y montre la jeune cour, la lutte pour le trône et la victoire qui le donna à Catherine. C'est la partie historique du livre ; la seconde moitié nous initie à la vie privée de l'Impératrice, nous en présente le portrait moral et physique, nous fait assister aux drames et comédies qui se jouent, mais de l'autre coté de la toile. Toutes ces pages fourmillent de notes curieuses, presque des cancans, non seulement sur la cour du temps de Catherine, mais aussi sur celle de notre époque ; témoin ce curieux passage :

Catherine avait pris de bonne heure et conserva toute sa vie l'habitude de porter, en public, la tête très haute. Son prestige aidant, elle arrivait ainsi à un effet de grossissement qui trompa jusqu'à des observateurs comme Richardson. L'art de la mise en scène, dans lequel elle fut incomparable, est d'ailleurs resté de tradition à la cour de Russie. Une dame de la cour de Vienne nous racontait un jour ses impressions à l'arrivée de l'empereur Nicolas dans cette dernière capitale. Quand elle le vit entrer à la Burg, dans la splendeur de son uniforme, de sa beauté mâle et de l'air de majesté répandu sur toute sa personne, droit, hautain, dépassant de la tête princes, aides de camp, chambellans, officiers, elle crut apercevoir un demi-dieu.

Placée à une galerie supérieure, elle ne pouvait détacher ses yeux de cette éblouissante apparition. Soudain elle ne vit plus rien. La foule des courtisans s'était retirée ; on avait fermé les portes. La famille impériale et quelques personnes de l'entourage intime restaient seules. Mais l'empereur ? Où était-il ? Il était là, affaissé sur un banc, ayant replié sa haute taille, ayant laissé se détendre les muscles de son visage où brusquement venait poindre l'expression d'une indicible angoisse ; méconnaissable, diminué de moitié, comme écroulé du haut des grandeurs sur un bas-fond de misère : ce demi-dieu n'était plus qu'une loque humaine souffrante. Cela se passait en 1850. Nicolas éprouvait déjà alors les premières atteintes du mal qui rongea les dernières années de sa vie et y mit fin prématurément. Hors des yeux de la foule, il se courbait sous son étreinte. Devant le public, par un héroïque effort de volonté, il redevenait le superbe empereur des beaux jours déjà passés.

Restent les anecdotes qui forment la seconde partie du livre ; je rappellerai, entre bien d'autres, un mot attribué à Catherine et qui n'a rien d'invraisemblable :

En 1774, causant avec Diderot, comme celui-ci parlait avec quelque dégoût de la malpropreté qu'il avait aperçue chez les paysans des environs de Pétersbourg, l'Impératrice se serait laissée aller à dire : « Pourquoi au-« raient-ils soin d'un corps qui n'est pas à eux ? » Ce mot amer, s'il a été prononcé, résumait, en fait, un état de choses avec lequel elle avait fini par concilier ses aspirations humanitaires.

L'auteur conclut en disant très justement de la Russie que si Pierre Ier l'a créée de toutes pièces, Catherine, elle, lui a donné la conscience de sa force, de son génie et de son rôle historique.

XVI

J. DECRAIS

L'Angleterre contemporaine

Parmi les plus récentes études faites sur l'Angleterre, je signalerai celle que M. Julien Decrais vient de publier à la librairie Calmann-Lévy, sous ce titre : *L'Angleterre contemporaine*. La question des dîmes au pays de Galles et l'agitation non-conformiste, le chapitre intitulé : *Un parlement ouvrier*, la relation d'un procès criminel, la partie consacrée à l'immigration étrangère en Angleterre et au péril économique et social qui s'ensuit pour elle, sont traités par un écrivain qui a voulu constater de ses yeux la situation actuelle. On devra lire une étude sur les classes pauvres en Angleterre renfermant, entre autres chapitres curieux, celui qui est consacré aux bienfaits de la Société nationale pour la répression des actes de cruauté contre l'enfance ; car cette lâcheté, pour laquelle nos jurés français apportent généralement une si honteuse indulgence, a enfin provoqué l'indignation et des mesures protectrices de l'autre côté de la Manche. Les exemples cités dans l'enquête sont effroyables ; celui-ci entre autres :

On avait constaté qu'au bas de l'échelle sociale, l'oisiveté, la débauche et l'ivrognerie avaient altéré les meilleurs instincts, transformé les êtres en brutes féroces. Tantôt il s'agissait de petites filles en haillons, envoyées à onze heures du soir, par une tempête de neige, chez le marchand de charbon ou de bière. Ici, c'était un jeune aveugle dont le père, pour plaisanter, dirigeait sur un fer rougi les mains tâtonnantes. D'affreux parents étaient convaincus d'avoir infligé à un malheureux de dix ans le supplice d'une nuit passée dans une cave étroite, peuplée de rats. Une mère, ayant brisé d'un coup de balai le bras de sa fille, n'en obligeait pas moins celle-ci à laver le plancher tout en continuant de la battre parce que l'ouvrage n'avançait pas. Et d'autres abominations encore, des infortunés pendus par les mains à un clou du plafond et battus de verges dans cette horrible position, des petits de quatre ans placés, les cuisses nues, sur les plaques brûlantes du foyer, poussant des cris de douleur et cherchant vainement à échapper à leurs bourreaux prodigieusement amusés.

D'autres laissaient leurs enfants simplement mourir de faim ; aujourd'hui l'amende et la prison font justice de ces misérables ; elle atteint aussi ceux qui se servaient des assurances sur la vie pour tirer un bénéfice des martyres qu'ils faisaient subir aux enfants. Je copie encore cette page navrante :

Le 23 mars dernier, écrivait le docteur B. de Rotherham, une mère sortait de chez elle par une pluie battante et m'apportait un *baby* de onze mois, à peine vêtu, qui paraissait atteint de pneumonie. Je la renvoyais immédiatement avec des médicaments, non sans l'avoir sévèrement réprimandée d'une imprudence qui devait avoir des suites fatales. Le lendemain, le malade était mort. Lorsque les parents vinrent réclamer chez moi le certificat constatant l'affection à laquelle l'enfant avait succombé, je ne consentis à le leur délivrer qu'après les avoir avertis que je les signalerais à la justice au cas où ils recommenceraient leurs manœuvres. Onze jours après, la même femme amenait à mon cabinet un autre enfant de trois ans celui-là, presque mourant et dont l'état d'affaiblissement général provenait évidemment d'un manque de soins. Il mourait à son tour dans la même journée. Une inspection à la maison mortuaire ne tarda pas à me convaincre de la culpabilité de la famille.

La mort des enfants assurés devenait une source de bénéfices pour la Compagnie d'assurances ; un décès était pour elle une preuve vivante que les transactions sont loyalement conduites et que l'argent est réellement compté aux familles, en cas de malheur, «Un enfant mort ? disait à M. le révérend Benjamin Waugh, un de ces étonnants industriels, il n'y a pas de meilleuse amorce à nos lignes de pêche.» — « Au lendemain des enterrements, affirmait gravement un deuxième, il nous vient plus de monde que jamais. »

Je m'arrête et je renvoie au livre utile de M. Julien Decrais tous ceux qui sont soucieux de questions qui doivent être la préoccupation de l'humanité.

XVII

L'ABBÉ E. PETITOT

Le Grand lac des Ours

Il ne s'agit pas de littérature, mais de la relation de faits particulièrement émouvants, réunis dans un livre intitulé : *Exploration de la région du grand lac des Ours* (fin des Quinze Ans sous le Cercle Polaire) et qui a été écrite par l'abbé Emile Petitot, ancien missionnaire et explorateur arctique ; ce ne sont pas des phrases aux brillantes périodes, aux mots inquiétants d'intentions, qu'il faut demander au livre du curé de Mareuil-lès-Mines, mais de simples notes sur l'histoire de ces lointaines et redoutables contrées, des descriptions naïves et pittoresques, des récits de chasse à l'ours, au renne, au loup, des observations scientifiques sans prétention à la science, recueillies avec une grande bonne foi par un homme naïf, ardent au bien et dont la jeunesse et la vigueur d'âme ont gagné le corps.

Je prends au hasard dans le narré de ces explorations fait de notes quasi-journalières. Voici par exemple le récit d'une singulière fête funèbre à laquelle assista notre voyageur après l'inhumation d'une jeune sauvage. Les Peaux-de-Lièvre, lorsqu'ils eurent célébré les funérailles à leur façon, découvrirent les cadavres enterrés l'année précédente en poussant des cris étranges, des lamentations semblables à des cris de loups :

> Lors donc que le tribut des larmes eut été payé aux morts de l'année, mes Peaux-de-Lièvre commencèrent tristement le repas des âmes, au bord de ces tombes ouvertes. Chacun tira de sa gibecière la viande qu'il avait apportée et tous se mirent à manger en silence, repaissant leur vue de la contemplation de leurs chers défunts.
>
> Puis les pièces de bois furent de nouveau placées sur les sarcophages, les tombes furent recouvertes de rondins, de pierres et de plaques de gazon, et chacun, après avoir soulagé son cœur par l'hommage des larmes et réconforté son courage par la nourriture prise en communion avec les défunts, s'en retourna dans sa demeure.

Plus loin je trouve une scène horrible de sauvagerie, c'est le mot. Les Grecs qui jetaient aux gouffres du Taygète les enfants difformes ont des imitateurs féroces chez « les Flancs-de-Chien » du Grand Lac :

> Un petit enfant fut dévoré par des chiens presque sous les yeux de sa famille. Il leur avait donc été exposé en

proie. Un autre enfant fut enterré vif par son beau-frère, sous les yeux de sa propre sœur et de toute la peuplade en marche.

Cette dernière victime était un pauvre enfant nommé Paul *Tékviti,* âgé de cinq ans et orphelin depuis 1865. Il avait été recueilli par sa sœur aînée, *Kha-khié-monnè,* la Bordure de peau de lièvre, femme du jongleur esclave *Nitajyé*, homme foncièrement hostile à la religion chrétienne. Le petit Paul était infirme de naissance, il avait le nombril en suppuration. Je l'avais baptisé en 1866. Après mon départ, le mal s'aggravant et sa santé demeurant débile, Nitajyé jugea que l'enfant ne serait jamais fort ni en état de lui être utile, et il résolut de s'en débarasser.

Ce « cruel jeune homme », dit le brave curé, déclara à la peuplade qu'il ne voulait pas plus longtemps nourrir le pauvre enfant :

Alors Nitajyé enferma le petit Paul dans une vieille enveloppe de traîneau en peau de renne ; il l'y ficela solidement en dépit de ses cris ; il creusa une fosse dans la neige, l'y enterra vif, recouvrit le paquet de neige et fit tomber un gros sapin sur le tas.
_ Et tout fut dit.

Le crime avait lieu en public, personne ne s'y opposa ; l'infanticide est là-bas à l'ordre du jour. Les plus sensibles, dit le narreur, se contentaient de détourner les yeux.

Je me rappellerai qu'à ce même lac des Ours, et à la suite d'une instruction sur les devoirs des parents envers leurs enfants, toutes les femmes présentes s'étaient entre-regardées les unes aux autres, avouant tout haut, sans honte ni vergogne, et même avec une hilarité écœurante qu'elles avaient toutes tué un ou plusieurs de leurs bébés ! Oui toutes, toutes : « De beaux petits chats, ma foi, pour qu'on s'apitoie autant sur leur sort ! Ah ! ils sont bien plus heureux dans la terre des âmes ! »

Les cinq cents pages qui composent le livre de l'abbé Émile Petitot sont bourrées de récits incroyables s'ils n'étaient rapportés par le pieux missionnaire. En voici un qui, malgré son horreur, renferme une sorte de comique ; le héros, puis la victime en fut un charmeur qui faisait croire à sa mort, puis ensuite à sa résurrection. Le tour lui avait réussi maintes fois, mais toute chose a une fin, même les résurrections, comme le malheureux put s'en apercevoir :

En 1867, le frère cadet de Lazare *Békk^{r}ah^r ayelli* (Celui qui va chercher son lard), nommé Barnabé *Bè-bœr-k^r allèti* (Celui qui va chercher sa viande), puis surnommé La Lavette, avait été le héros et la victime d'un drame épouvantable, soit qu'il eût été enterré à l'état de léthargie, soit, comme me le racontèrent ses parents, qu'il les eût trompés en simulant la mort et après leur avoir fait promettre de ne pas l'enterrer avant que trois jours se fussent écoulés, parce qu'il devait ressusciter le troisième jour, comme Jésus-Christ.

Faut-il croire qu'il redoutait d'être enterré vivant, sachant avec quelle hâte les Peaux-Rouges procèdent aux obsèques des trépassés, sans même attendre que vingt-quatre heures soient écoulées ? Ou bien faut-il admettre que cet homme voulut en imposer à ses compatriotes en donnant à croire qu'il était un saint ?

Je n'ose me prononcer absolument ; mais voici le fait.

La Lavette mourut ou parut être mort, et ses parents, au lieu de respecter ses dernières volontés et de veiller son corps pendant trois jours, pensèrent que le chaman avait parlé dans son délire. Ils ne tinrent aucun compte de sa recommandation et se hâtèrent de le coudre dans sa couverture de laine et de l'enterrer non loin du camp. Ils entourèrent le tertre de piquets et se contentèrent de ne pas lever le camp aussitôt, ainsi que le *gofwen* l'aurait exigé ; mais résolurent de demeurer à la même place jusqu'à ce que les trois jours fussent écoulés, afin de voir ce qui arriverait.

Or, toujours d'après les Indiens, il arriva que, le soir même des funérailles, pendant la nuit, nuit noire, pleine de bourrasque et de chasse-neige, les chiens du camp firent un tapage infernal autour du tombeau de La Lavette d'où partaient des plaintes lugubres et des appels réitérés.

Mais on n'eut garde d'aller secourir le malheureux jongleur. Personne n'en eut le courage, et le camp tout entier demeura glacé d'effroi. Le lendemain seulement, quand il fit jour, on se hasarda timidement à aller voir. C'était fini, cette fois. La Lavette était bien mort, mais auparavant il était venu à bout de soulever la couche de terre, pas trop épaisse d'ailleurs, qui recouvrait son corps, et de se dresser sur son séant, enveloppé dans son linceul. Débarrassé en partie de cette couverture, l'infortuné allait peut-être parvenir à se tirer de la fosse, pour aller surprendre et épouvanter ses parents, si la meute des *guedets* du camp, effrayée par ces mouvements insolites, et méconnaissant La Lavette, ne s'était précipitée sur le faux-mort et ne l'avait étranglé bel et bien.

Les Indiens trouvèrent son visage rongé et décharné, ainsi que ses bras. Ceux-ci étaient tendus en avant, et ses ongles, enfoncés en terre de chaque côté de la fosse, semblaient encore tenter de soulever le pauvre corps émacié, que la mort avait surpris dans cette affreuse position.

« Si cet homme était un hypocrite », ajoute le narrateur en forme de douce morale, « et s'il « avait voulu jouer au ressuscité, pour en impo- « ser à la foule, il faut avouer que son audace « impie avait été cruellement châtiée. »

Je laisse au missionnaire le soin de conclure :

En retournant dans le Bas-Makenzie, en 1876, j'étais bien résolu à y demeurer jusqu'à mon trépas, n'estimant pas de fin plus enviable que de m'endormir et de reposer au milieu de mes chers enfants des bois. Dieu en décida autrement.

Une blessure interne que je me fis à la poitrine, dans mon dernier voyage d'hiver, m'occasionna une hémoptysie telle que je dus chercher un climat plus chaud et des cieux plus cléments.

J'ai tenu, — une fois n'est pas coutume, — à donner un exemple de plus de l'esprit de sacrifice qui pousse des hommes à aller ruiner leur santé, à sacrifier leur vie, dans ces contrées où l'homme vit encore à l'état sauvage ; la science a le tort de ne pas assez faire de cas des renseignements qui lui sont apportés par ces humbles explorateurs pour qui l'État ne fait aucuns frais et qui, mieux que toutes nos expéditions bruyamment annoncées, concourent efficacement à agrandir les frontières de la civilisation. Est-ce vraiment un bien pour ceux chez qui ils portent leurs lumières ? Ceci est une autre question sur laquelle il est délicat de se prononcer.

XVIII

BARON THIÉBAULT

Mémoires

Le baron Thiébault disait très franchement n'avoir écrit ses mémoires que pour se distraire. C'est M. Fernand Calmettes qui rapporte cette confession, de bon augure pour le lecteur, dans l'intéressante préface qu'il a mise en tête du premier volume des curieux *Mémoires du général baron Thiébault,* publiés d'après le manuscrit original, sous les auspices de sa fille, Mlle Claire Thiébault. En effet, on est frappé, aux premières pages de ces Mémoires, par la suite de petits faits, de puérilités presque, qui y abondent. L'écrivain, qui ne cherche qu'à se distraire, évoque tout ce qu'il peut retrouver dans sa mémoire, et c'est du plus lointain qu'il y va chercher. Narrateur consciencieux, il raconte comment, étant enfant, il a avalé une araignée, un os de carpe, s'était empoisonné en mangeant de la ciguë que la cuisinière avait prise pour du persil, etc, Mais cette abondance de détails, loin de rebuter l'esprit du lecteur, lui donne confiance par sa naïveté, et quand le héros grandit, les détails grandissant aussi prennent une singulière intensité d'intérêt ; car alors ils nous montrent le sentiment de la société bourgeoise à la fin de l'ancien régime, son penchant pour la Révolution, ses mœurs, ses amusements et sa vie intime, puis l'ébranlement, puis l'écroulement de la Monarchie.

Thiébault, né Français, de parents français, en 1769, à Berlin, a vu le grand Frédéric, et professe pour lui une vive admiration ; c'est avec enthousiasme que, devenu homme, il parle de ces grandes manœuvres militaires qu'il a suivies étant enfant. Les anecdotes se succèdent à chaque page, les amateurs de spiritisme y trouveront même des évocations, des faits de suggestion qui leur seront d'un précieux secours. Il cite ce mot de Voltaire à propos de ses querelles avec Chaupertuis : « Deux Français, dit-il en se levant de « son fauteuil, deux Français ! Sachez, monsieur, « que si deux Français se rencontraient aux extré- « mités du monde, il faudrait que l'un mangeât « l'autre, c'est la loi de la nature. » Ses relations de famille le mettent en rapport avec le maréchal de Richelieu ; son père voit emporter, pour être revendus dans le quartier, les seaux du lait qui a servi aux bains du maréchal ; celui-ci lui demande un portrait du grand Frédéric, croqué, pour ainsi dire, par un peintre pendant trois revues. Ce portrait, le maréchal le garda jusqu'à sa mort au chevet de son lit.

Je passe des récits, des anecdotes sur bien des gens, car le futur général a vu un peu tout le monde : la bru du grand Racine, Rivarol, Delille, etc., il a couru les rues, les spectacles, Tivoli où il a vu le Polonais silhouettiste découpant des portraits en une minute, le chevalier de Saint-Georges ; il a nagé et fait des *passades* à l'école de natation du Pont-Royal, en compagnie du jeune duc de Chartres, de M. de Montpensier; il a vu forcer un cerf rue Royale, par le comte d'Artois qui le poursuivait depuis le Bois de Boulogne avec ses équipages de chasse.

Il a vu les troubles de Paris, donne des détails sur les massacres de septembre, sur le 10 août, accuse d'erreur et ceux qui font mourir Louis XVI au milieu de la place de la Révolution :

On croit généralement et j'ai longtemps cru moi-même que Louis XVI avait été guillotiné au milieu de la place Louis XV, c'est une erreur ; on a guillotiné dans toutes les parties de cette place, excepté là. Quant à Louis XVI, il a été guillotiné entre le milieu de la communication du centre de cette place avec le Cours la Reine et le côté nord du fossé qui, au dessous du pont, borde le quai, c'est-à-dire au nord de ce fossé et au sud de cette communication. C'est là, en effet, que l'échafaud avait été dressé et que fut consommé le forfait.

Il assiste à la chute de la belle statue de Girardon, sur cette place Vendôme qui devait voir s'élever et traîner dans la boue des révolutions aussi bien Louis XIV que Napoléon ; il donne des détails sur le dernier lavement des pieds des petits pauvres, le jeudi saint, par le Roi et la Reine aux Tuileries, il est condamné à mort par Théroigne de Méricourt ; il est poursuivi comme suspect, et c'est un véritable roman que sa fuite à travers Paris, chez celui-ci et celui-là, pour y trouver l'hospitalité. Puis c'est l'affaire de Saint-Roch, où apparaît pour lui un petit homme sale et noir, Bonaparte, qui va devenir Empereur et Roi. C'est le vertige que ce tourbillon d'événements qui emporte et apporte des hommes, et quels hommes !

Bien qu'épris d'abord, comme tant d'autres, des idées révolutionnaires parce que, comme ceux-là, il n'en soupçonnait pas le but, le narrateur prend la Révolution, ou plutôt ses excès en horreur ; la vérité est que, pour lui comme pour beaucoup de bourgeois de son temps, le Roi manquait de prestige. Je citerai, à ce propos, d'abord l'étonnement de Thiébault qui, devant aller voir le Roi à Versailles, supposait que les souverains devaient se ressembler entre eux et songeait à le comparer à Frédéric II !

Je trouvai qu'il manquait de dignité. Passant un jour devant moi pour aller à la chasse, il s'arrêta pour rire avec un des seigneurs qui l'accompagnaient ; mais son rire fut si fort, si gros, qu'en vérité c'était le rire d'un fermier en goguette plus que celui d'un monarque. Ensuite son costume de chasse me parut mesquin ; bref, je ne fus étonné que de la légèreté avec laquelle ce roi si replet sauta à cheval, et de la rapidité avec laquelle il partit. La Reine, que je vis revenir de la messe, avait plus de noblesse dans les manières, dans la marche, et de dignité dans le regard surtout ; mais une robe de percale blanche, toute unie et fort loin d'être fraîche, n'était pas le vêtement dans lequel une reine de France devait, à cette époque surtout, se montrer pour ainsi dire en public. Telle était pourtant la mise de Marie-Antoinette, et c'était au point que, si elle n'avait marché la première, on l'eût prise pour la suivante des dames qui la suivaient. Mais ce qui fit plus que me choquer, ce qui me scandalisa, me révolta même, ce furent les propos que des pages, des gardes du corps et quelques jeunes seigneurs tenaient tout haut dans les grands appartements ! L'indécence à cet égard allait jusqu'aux outrages ! Recommandé à deux de ces messieurs, qui s'étaient chargés de me faire tout voir et avec lesquels je passai ma journée, personne ne se gêna devant moi, et ce que j'entendis en fait d'anecdotes, de propos sur la robe chiffonnée de la Reine, de jugements, passe tout ce que je pourrais dire. J'en instruisis mon père en revenant le soir avec lui à Paris ; il me recommanda le silence.

Voici, par exemple, un fait rapporté *de visu*, et qui paraîtra invraisemblable à ceux qui n'ont jamais jugé Louis XVI que comme un petit esprit, mais un brave bourgeois, doué de toutes les qualités de cœur qui appartiennent aux natures simples ; la famille royale a été ramenée de Versailles à Paris par la populace :

J'avais passé la nuit au château, et, vers six heures du matin, afin de respirer l'air frais, deux de mes camarades et moi, encore en bonnet de police, nous sortîmes par la porte du milieu, pour faire par les terrasses le tour des Tuileries. Comme nous approchions de la terrasse du bord de l'eau, le Roi sortait de la petite porte du château, près le pavillon de Flore, accompagné de deux messieurs, mais sans gardes ; il allait faire la même promenade. Nos bonnets à bas, nous nous arrêtâmes respectueusement pour le laisser passer ; cependant, ne jugeant pas que ce fût un motif pour changer de projet, nous le suivîmes à cinquante ou soixante pas de distance. Les deux rampes de fer à cheval descendues et montées, comme, en suivant la terrasse des Feuillants, il arrivait à la petite porte du passage qui, à travers le couvent des Feuillants, communiquait de la place Vendôme aux Tuileries et de ces deux endroits à la salle de l'Assemblée Constituante, une jeune dame débouchait de cette porte ; elle était précédée par un joli petit épagneul, qui se trouvait déjà tout près du Roi ; dès qu'elle reconnut celui-ci, elle se hâta de rappeler son chien en s'inclinant profondément ; de suite le chien se retourna pour accourir vers sa maîtresse, mais Louis XVI, qui tenait à la main un jonc énorme, lui cassa les reins d'un coup de ce gourdin. Et, pendant que des cris échappaient à la dame, pendant qu'elle fondait en larmes et que la pauvre bête expirait, le Roi continuait sa promenade, enchanté de ce qu'il venait de faire, se dandinant un peu plus que de coutume et riant comme le plus gros paysan aurait pu le faire.

Louis XVI, prisonnier, surveillé comme il l'était à ce moment, Louis XVI, homme cruel, et se livrant à un pareil acte, voilà qui surprendra bien d'autres que le futur baron Thiébault. Aussi bien le roi n'était-il plus lui-même alors, et devait-il vivre comme dans un rêve, inconscient des réalités de la vie, entre le jour du départ de Versailles et celui où il monta sur l'échafaud que sa faiblesse avait dressé.

Je n'ai pu donner qu'un simple aperçu du premier volume des mémoires du général Thiébault, mais on peut juger de l'intérêt et de la variété de ces pages pleines de sincérité, qui renferment un peu de tout et enregistrent aussi complaisamment une partie de campagne entre amis au bois de Vincennes, qu'une grande scène qui entrera le lendemain dans le livre de notre histoire.

XIX

FRÉDÉRIC MASSON

Napoléon et les Femmes

On croyait connaître à fond, et par les grands faits de sa vie militaire, et par les récits des contemporains, et par l'intimité surprise dans le *Mémorial de Sainte-Hélène*, l'homme prodigieux dont le génie fut pendant vingt ans celui de la France, et voilà un livre qui nous en éclaire un aspect resté jusqu'à présent dans l'ombre. Les amours de Napoléon, on n'y croyait guère, et parce que l'activité de sa vie ne semblait pas laisser place à une heure de tendresse, et parce que des libelles sortis du ruisseau, indignes de crédit, avaient pris à tâche de les raconter.

Mais depuis l'apparition du livre de M. F. Masson, le héros semble devenu plus abordable, ses faiblesses l'ont rendu plus accessible, et sa tendresse, se révélant au milieu de ses accès de despotisme, de cruauté même, le dégage de l'ombre énigmatique qui l'enveloppait et le faisait apparaître comme hors de l'humanité.

Dans une très intéressante introduction, M. Frédéric Masson explique comment la logique découlant des faits l'a conduit à reconnaître la nécessité providentielle de Napoléon dans l'histoire de la France, et pourquoi il s'est rallié au système impérial.

Je m'arrête ici au seuil de la politique, mais je ne puis m'empêcher de citer cette page brûlante où parle, non pas l'homme d'un parti, mais le patriote sincère et dont le cœur est meurtri de la blessure de la patrie.

... J'ai vu le 4 Septembre. La honte, la formidable honte de cette révolte en présence de l'ennemi, ces cris de : « Vive la paix ! » jetés aux soldats rendant leurs armes, l'horreur de l'étranger, le dégoût des bravades imbéciles, la haine des avocats orléanistes ouvrant à une populace de souteneurs, d'escarpes et de prostituées les portes de ce palais où ils avaient prêté serment d'être fidèles à l'Empereur, j'en ai subi tout le martyre, — et, par cet admirable soleil d'automne, ces bandes rigoleuses et dansantes emplissant la rue de la Paix, insultant au passage la Colonne, s'engouffrant dans la rue de Rivoli, noircissant de leur flot montant la place de la Concorde, je les vois, je les entends, et j'aurais voulu avoir donné ma vie pour que cela ne fût pas en France au lendemain de Sedan.

Et, ce qu'on entendait, la phrase par laquelle certains voulaient justifier ce guet-apens de quelques Parisiens contre la patrie, c'était la même que répétaient, en 1814, les bons amis des Alliés : « La Prusse ne fait point là guerre à la France, mais à l'Empereur ! » Alors, j'ai senti, j'ai compris que ce jour-là, comme jadis, ceux-ci comme ceux-là étaient, conscients ou non, les complices de l'envahisseur ; que, l'Empereur renversé, c'était la patrie livrée ; que ce serait demain comme ç'avait été hier, et que, bien plus encore contre l'Europe monarchique que pour nous-mêmes, les Napoléons et la nation étaient inséparables, parce que ceux-là seuls faisaient que celle-ci fût redoutable.

Si j'ai cité ce passage, c'est que j'ai cru utile de bien établir qu'on peut être certain de la bienveillance du peintre pour son modèle et que, si étranges que paraissent des traits qui sembleraient le dénaturer, le rapetisser parfois, ils n'ont été tracés que d'après nature, et concourent à achever le portrait de l'homme au caractère si multiple que fut Napoléon Ier.

XX.

HENRY HOUSSAYE

1814

Une date et c'est tout le titre de la nouvelle édition du livre que vient de publier M. Henry Houssaye; date d'une de nos années terribles et que ses derniers désastres n'ont pas fait oublier à la France. Il ne s'agit pas ici d'un ouvrage dont le but serait de ranimer des rancunes mal éteintes, de pousser à une revanche folle et prématurée, mais seulement d'un document historique circonstancié qui embrasse, sans parti pris ni passion, la tragique période qui s'étend des premiers jours de l'invasion à la chute de l'Empire.

Ce grand sujet est traité au point de vue militaire, politique et diplomatique, d'une façon toute nouvelle. Ici pas un fait, pas une parole, pas une opinion qui ne soient appuyés par un document d'archives. Félicitons l'auteur d'avoir découvert tant de choses inconnues et de les avoir si bien mises en œuvre, car tout considérable qu'il est, l'appareil d'érudition relégué dans les notes ne nuit en rien à l'intérêt du récit qui court rapide, vivant et clair.

M. Henry Houssaye excelle à débrouiller les intrigues des congrès, à préciser les mouvements stratégiques, à exposer les différents « états d'âme », comme on dit aujourd'hui, de la population parisienne à cette époque. Cette étude pénétrante de l'esprit public tantôt abattu et résigné, tantôt reprenant courage et prêt à tous les sacrifices, est comme un élément nouveau apporté en histoire par M. Henry Houssaye. Deux cents pages sur cept cents sont consacrées au rôle joué par la population pendant cette année 1814 qui, mieux encore, je le répète, que 1870, doit être appelée l'année terrible.

Voici par exemple un tableau qui me paraît bien juste des sentiments de Paris à l'annonce de la capitulation :

> Ces cruautés, il faut le dire, en appelaient d'autres. Au sac de Soissons, une servante se défend et tue deux Prussiens ; un boucher, armé d'un coutelas, posté au bas de l'escalier d'une cave, saigne les pillards dans l'ombre ; c'était partout la guerre d'embuscade ; une veuve donne à coucher à soixante Cosaques, et la nuit venue, elle réunit ses domestiques, et, se faisant aider par eux, met le feu à sa propre demeure. Je m'arrête ;

si justes qu'elles soient, ces représailles me semblent aussi des crimes.

Dans ce livre nourri de faits, je louerai surtout la concision ; témoin ces courts portraits des membres du Conseil de Régence ; il nous y montre : « Marie-Louise, qui était une femme et qui
« avait vingt-trois ans ; Cambacérès, grand ju-
« riste et politique sagace, mais philosophe tou-
« jours préparé à accepter le fait accompli ; Jo-
« seph, dévoué à son frère, animé des plus
« louables sinon des meilleures intentions, mais
« génie sans ressort et dont toutes les velléités
« d'ailleurs avaient été brisées par Napoléon ; Tal-
« leyrand, mal en cour, antipathique au peuple,
« suspect à tous ; Montalivet, administrateur
« habile et intègre, mais esprit modéré, ennemi
« de toute mesure extra-légale ; Rovigo, ayant
« perdu au ministère de la police son énergie de
« soldat, jouant au plus fin avec plus fort que lui
« et finalement dupe de tout le monde. »

L'auteur dit dans sa préface qu'il n'a voulu rien cacher ni rien atténuer. Peut-être a-t-il eu tort ? Il y a dans 1814 des pages qu'on ne peut lire sans que le rouge monte au front. Je ne l'accuse pas de manquer de patriotisme, mais en portant le fer rouge sur les plaies de la patrie, il les dévoile parfois d'une façon cruelle. Pour terminer, je ne saurais mieux faire que citer les dernières lignes de la préface, qui résument bien le sentiment

qui a dicté tout le livre : « — Sans prendre parti
« pour l'Empire, dit M. Henry Houssaye, nous
« nous sommes réjoui des victoires de l'Empereur
« et nous avons souffert de ses défaites. En 1814,
« Napoléon n'est plus le souverain. Il est le gé-
« néral ; il est le premier, le plus grand et le plus
« résolu des soldats français. Nous nous sommes
« rallié à son drapeau en disant, comme le vieux
« paysan de Godefroy Cavaignac : Il ne s'agit
« plus de Bonaparte. Le sol est envahi. Allons
« nous battre ! »

« Au mileu des exagérations passionnées des
« mémoires contemporains, il est aisé de péné-
« trer les vrais sentiments de la majorité des Pa-
« risiens quand ils apprirent ces nouvelles. Ce ne
« fut ni la joie indécente que laissèrent éclater
« nombre de royalistes, ni la sourde colère qui
« mordit le cœur de quelques patriotes, ce fut une
« grande détente de l'esprit et des nerfs. Sans ad-
« mettre, avec les rapport des gens de police, qui,
« à force de le répéter, en était arrivés à le croire,
« que les Parisiens redoutaient un incendie mé-
« thodique pareil à celui de Moscou, il paraît
« cependant hors de doute que la population
« avait de terribles craintes. Non seulement les
« journaux français, mais les gazettes anglaises
« dont on reproduisait les abominables menaces
« prophétisaient l'incendie de Paris ; non seule-
« ment les articles des *Débats,* du *Journal de Pa-*

« ris, de la *Gazette de France*, mais les déposi-
« tions des conseils municipaux de plus de vingt
« villes, relataient les atrocités des Cosaques et
« des Prussiens. Depuis deux mois, le pillage, le
« viol, le massacre l'incendie, tous les forfaits,
« toutes les épouvantes hantaient et troublaient
« les esprits. Soudain, en une minute, cette
« longue angoisse s'arrêtait. En même temps
« aussi s'évanouissait l'espoir incertain de la vic-
« toire. Mais le retour à la sécurité compensait
« bien des espérances déçues, bien des amer-
« tumes, bien des humiliations. Au reste, on ne
« raisonnait pas, on respirait. »

Voilà, on le sent, la constatation exacte de ce qui se passait dans l'esprit des Parisiens. Sans accorder plus de confiance qu'il ne faut aux récits des cruautés des triples alliés, on doit reconnaître que la vérité n'était pas faite pour rassurer. La lueur de leurs incendies éclairaient des scènes atroces. Les hommes étaient frappés à coups de sabre et de baïonnette. Dépouillés, nus et attachés au pied des lits, ils devaient assister aux violences exercées sur leurs femmes et leurs filles ; d'autres étaient torturés, fustigés, *chauffés*, jusqu'à ce qu'ils révélassent le secret de leurs cachettes. Les curés de Montlandon et de Rolampot furent laissés morts sur place ; à Buey-le-Long, les Cosaques grillèrent les jambes d'un domestique nommé Leclerc, laissé à la garde d'un château. Celui-ci persistant à se taire, ils lui emplirent la bouche de foin, et y mirent le feu. A Nogent, un marchand de drap, tiré aux quatre membres par une dizaine de Prussiens, fut quasi écartelé ; une balle mit fin à son supplice. A Provins on jeta un enfant dans les flammes pour faire parler sa mère. Une femme de quatre-vingts ans portait un diamant au doigt. La bague était étroite : un coup de sabre trancha le doigt.

XXI

E. LEGOUVÉ

Epis et Bleuets

Sous ce titre : *Epis et Bleuets,* M. Ernest Legouvé vient de réunir en un volume, paru chez Hetzel, une suite d'études et de souvenirs intéressants à tous égards. M. Legouvé est des rares qui, ayant beaucoup vu, ont beaucoup retenu et qui livrent généreusement à tous les réserves de leur expérience. Son livre est divisé en trois parties : Souvenirs biographiques, Etudes littéraires et dramatiques et Scènes de famille. Sans entrer dans le détail de cet ouvrage d'attrayante lecture, je signalerai à ceux qu'intéresse le théâtre et l'art : *La querelle entre deux collaborateurs,* récit charmant de la collaboration de Jules Sandeau et de Régnier, quand il s'agit de donner *Mademoiselle de La Seiglière* à la Comédie-Française ; puis c'est une suite de souvenirs sur Liszt, Chopin et Thalberg, une exquise étude sur un grand comédien, Delaunay, un beau récit des funérailles de Manin à Venise, des anecdotes sur Mme Pasta, sur Rossini, etc.

J'arrive à la partie la plus intéressante pour moi de ce livre substantiel, aux études théâtrales aux chapitres si justes consacrés aux domestiques de théâtre, aux ficelles dramatiques, pages écrites avec autant d'expérience que de finesse de tact. Suit un morceau de haut intérêt littéraire, « ce que La Fontaine doit aux autres et notam-
« ment au prince duc de Bourgogne ». Le grand siècle a en M. Legouvé un admirateur érudit, et son étude sur Bossuet et Fénelon intitulée : *les deux Prélats*, pleine d'aperçus nouveaux, restera parmi les meilleures œuvres de l'académicien. Son livre renferme bien d'autres chapitres intéressants, parmi ceux-ci : *un Cours complet de lecture en une leçon*, dix pages que devraient apprendre par cœur ceux qui veulent se mêler de parler ou de lire, les avocats, les députés, les poètes, les auteurs dramatiques, etc. En résumé, un livre très intéressant et qui, juste au point rêvé par Horace, sait nous dire agréablement des choses utiles.

Dans le chapitre intitulé : *Ce que La Fontaine doit aux autres*, je trouve cette excellente appréciation de la fable du Vieillard et des trois Jeunes Hommes :

La Fontaine, dans aucune de ses fables, n'a peut-être jamais mis autant de lui-même. Son génie seul ne suffit pas pour nous en expliquer la beauté. Son âge y a sa part. Il ne l'aurait pas écrite à quarante ans, ni même à cinquante. Il faut avoir longtemps vécu, il faut avoir souffert, avoir pleuré, s'être consolé, avoir pardonné, pour réunir en une seule page tant de trésors d'indulgence, de grâce, de gravité, de mélancolie souriante. Il y a dans ces vers un charme d'automne, indéfinissable. Le feuillage des arbres, à l'arrière-saison, est bien plus varié de couleurs, bien plus riche de nuances qu'au printemps ou à l'été, et les couchers du soleil y ont d'incomparables douceurs de rayons. La fable : *le Vieillard et les trois Jeunes Hommes* est un beau soir d'octobre.

A lire aussi de M. Legouvé une brochure d'une donnée aussi originale que juste : *Napoléon 1er depuis sa mort*. Dans cette plaquette (parue à l'administration des Deux Revues), M. Legouvé démontre que jamais Napoléon ne fut plus grand, plus agissant que depuis sa mort, et que, comme toute ombre grandit au déclin du jour, la sienne s'est étendue encore sur le monde au coucher de son soleil.

XXII

OCTAVE UZANNE

Physiologie des quais de Paris

L'histoire intime de Paris aura toujours le don de charmer les artistes et les philosophes. Depuis et avant Montaigne, on a toujours aimé Lutèce, malgré et aussi un peu à cause de ses défauts. Il n'est tel recoin où s'exerce telle ou telle industrie qui ne commande l'intérêt ; à plus forte raison si cette industrie est de celles qui sont une nécessité de la vie actuelle. C'est là qu'est la raison du succès du beau et amusant volume que M. Octave Uzanne vient de faire paraître sous ce titre : *Physiologie des quais de Paris*.

A ces mots, que de souvenirs évoqués parmi lesquels les modestes bouquinistes viennent prendre la première place ! M. Octave Uzanne les aime, et comme il les aime, il les a étudiés de très près et, en peintre fidèle, il nous les a représentés un à un, tels qu'ils sont, nous soulignant aussi bien leurs vices que leurs qualités, nous montrant les uns vifs, intelligents, érudits, les autres assoupis par les années, l'ivresse, la paresse, insouciants de leur industrie et uniquement occupés à apporter le matin et à remporter le soir leurs boîtes telles quelles. Dans cette flânerie, cette promenade instructive, nous avons fait connaissance avec tous ces étalagistes proscrits et rappelés par des arrêtés de préfecture, et c'est plaisir d'aller constater, après lecture, la ressemblance des portraits de ces rois du parapet. Que d'histoires, que d'anecdotes ! Celle-ci entre autres : Paul Lacroix, le célèbre bibliophile Jacob, obtint de l'empereur Napoléon III de sauver l'existence compromise de ses chers bouquinistes. Celui-ci lui demanda même de l'accompagner dans une promenade qu'il voulut faire, pour juger par ses yeux de l'état des choses.

Au moment où l'Empereur passait, au cours de sa visite, sur le quai Malaquais, en face de la rue des Saints-Pères, il vit un vieil homme qui se chauffait frileusement, à un feu de papiers, sur un réchaud. De temps en temps, il prenait un volume d'une pile de livres, à côté de lui, en déchirait une poignée de feuillets pour alimenter son brasier ; l'Empereur s'approcha et voulut savoir avec intérêt quel ouvrage avait assez peu de valeur pour être ainsi jugé par le marchand lui-même comme bon à servir de combustible. Le père Foy — qui aujourd'hui ne le connaît encore de réputation ? — tendit tranquillement le volume au souverain, et Napoléon III lut avec stupéfaction au haut des pages en titre courant, ces mots triomphants : Conquêtes et victoires des Français.

Que se passa-t-il dans l'âme troublée du terrible rêveur couronné, lorsqu'il vit ce livre, spécialement écrit pour allumer et entretenir la flamme dans les cœurs, servant à apporter un peu de chaleur au corps caduc d'un vieillard bouquiniste ?

Pour le reste, je renvoie au livre, qui offre, de plus, l'intérêt de nombreux dessins de M. Emile Mas, très typiques d'expression et de facture, et tous croqués d'après nature.

XXIII

M. DE SASSENAY

Napoléon 1ᵉʳ et la fondation de la République Argentine

On a beaucoup écrit sur la guerre d'Espagne de 1808, mais presque tous les récits, aussi bien ceux que nous donnent M. Loredan Larchey, le général Marbot, le Conscrit de 1808, etc., ne traitent que de ce qui s'est passé dans la péninsule, négligeant de signaler les effets de cette guerre dans les colonies espagnoles. Un volume paru chez Plon, sous ce titre : *Napoléon 1ᵉʳ et la fondation de la République argentine*, vient de combler cette lacune ; M. le marquis de Sassenay, à l'aide de documents officiels et de renseignements recueillis dans les archives de sa famille, a montré sous leur véritable jour les événements qui ont préparé, dès 1808, l'indépendances de l'Argentine. Pour arriver à ce résultat, il a reconstitué les biographies de Jacques de Liniers, comte de Buenos-Ayres, vice-roi de la Plata, et du marquis de Sassenay, qui lui fut envoyé par Napoléon comme ambassadeur secret.

La vie agitée de Jacques de Liniers, ce Français qui avait pris du service en Espagne pour combattre les Anglais, semble un roman à la façon de ceux d'Alexandre Dumas ; grâce à son courage, à son bon sens politique, il était arrivé à faire évacuer Montevideo et tous les points occupés par les troupes britanniques dans le Rio de la Plata, administrant comme vice-roi ces belles possessions espagnoles où germaient déjà des idées d'indépendance. C'est alors que la politique impériale, qui n'avait jusqu'alors visé que l'Espagne seule, s'inquiéta de faire accepter aux colonies le changement de dynastie opéré dans la péninsule. Dans ce but, l'Empereur envoya secrètement le marquis de Sassenay en ambassade pour amener Liniers à l'idée de solliciter le consentement des populations à l'acceptation du changement de dynastie. C'est l'histoire de cette mission, dont le résultat fut un drame, qui fournit les éléments du volume dont nous parlons. Le point de départ mérite d'être rapporté. L'Empereur fait venir le marquis de Sassenay, un émigré qui a accepté le nouveau régime :

Il arriva à Bayonne le 29 mai. Sans perdre une minute, il changea de costume et se rendit au château de Marac où résidait l'Empereur, qui l'admit immédiatement en sa présence.

L'audience fut courte et caractéristique. Napoléon se promenait à grands pas dans son cabinet. A peine Sassenay fut-il introduit qu'il l'interpella avec sa brusquerie habituelle. — « Vous êtes lié avec de Liniers ? », lui demanda-t-il. — « Oui, Sire », répondit le marquis. — » C'est bien ce que m'avait dit Maret », reprit l'Empereur. « Puisqu'il en est ainsi, je vais vous charger d'une » mission auprès du vice-roi de la Plata. » — « Je suis » aux ordres de Votre Majesté », répliqua l'ancien émigré ; « mais elle voudra bien me permettre de retour-» ner chez moi pour mettre mes affaires en ordre avant » d'entreprendre un aussi long et aussi périlleux voyage. »

« — C'est impossible. » Telle fut la réponse. « Il faut » que vous partiez dès demain, vous n'avez que vingt-» quatre heures pour vous préparer. Faites votre tes-» tament, Maret se chargera de le faire parvenir à votre » famille. Pour le moment allez trouver Champigny » qui vous donnera vos instructions. » Et d'un geste, Napoléon congédia son interlocuteur absolument attéré.

En l'an 1808, on ne discutait pas plus les ordres de l'Empereur qu'on n'avait discuté sous la Terreur les décrets du Comité de salut public.

L'arrivée de l'envoyé à Buenos-Ayres, son entrevue avec Liniers, les négociations secrètes, forment des chapitres qui ne sont pas moins intéressants ni caractéristique ; tout, depuis l'échec jusqu'au retour du marquis, après un emprisonnement dans des conditions incroyables (on l'avait placé près de la cage d'un tigre qui lacérait ses vêtements de ses griffes), sa captivité sur les pontons de Cadix, son évasion, mériterait d'être rapporté avec détails. La mort de Liniers, victime du mouvement libéral, est racontée d'après des documents authentiques et clôt ce volume d'une partie d'histoire si intéressante et pourtant négligée jusqu'à ce jour.

XXIV

MAURICE ALBERT

Un homme de lettres sous l'Empire et la Restauration

M. Maurice Albert vient de publier les fragments du journal intime d'un homme de lettres bien ignoré aujourd'hui, Edmond Gérard, qui cependant eut une certaine notoriété au premier tiers de ce siècle ; ces fragments sont contenus dans un volume qui a pour titre : *Un homme de lettres sous l'Empire et la Restauration*.

Edmond Gérard, légitimiste dans l'âme, se montre surtout dans ces mémoires, s'il s'agit de politique, l'ennemi de Napoléon et, s'il est question de littérature, antiromantique à l'excès ; jamais la haine d'écrivain n'a été plus loin. Ajoutons qu'il n'y a pas que les romantiques qui lui soient odieux, car Picard, lui-même, le doux auteur de *la Petite Ville*, ne trouve pas grâce devant lui :

« — Ces mœurs du jour, que Picard s'attache à
« nous peindre, me paraissent si méprisables et
« si basses que je ne puis, pour ma part, y trouver
« le mot pour rire. » Mme de Sévigné est aussi
fort maltraitée par Edmond Gérard. « Tout ce fa-
« tras de petites nouvelles pouvait fort bien in-
« téresser sa fille, mais qu'en avait à faire le pu-
« blic ? » Voilà qui est sévère. Plus loin, par exemple, il raconte une singulière anecdote sur Rousseau, qu'il tient de M. de Saint-Marc, lequel a connu le philosophe. Saint-Lambert aurait non seulement bâtonné Jean-Jacques, mais l'aurait rendu témoin de sa réconciliation *physique* avec Mme d'Houdetot. Rousseau l'aurait avoué lui-même dans ses *Confessions*, d'où l'épisode aurait été retranché par ses amis.

Il récolte les bons mots contre Napoléon, raconte des anecdotes sur lui et Talma, ajoutant :
« Il est deux acteurs tragiques à qui l'embonpoint
« a beaucoup ôté de leur physionomie, et ces deux
« acteurs sont Talma et Bonaparte. » Il traite ce dernier de Robespierre à cheval (le mot est de Mme de Staël) ; plus loin il cite un mot qui a peut-être inspiré la fameuse péroraison de Lamartine en 1848 : « — Oui, j'ai porté le bonnet rouge en
« 93, nous disait franchement quelqu'un, mais je
« l'ai porté comme un *paratonnerre* ! » Vient une page intéressante pour la Société protectrice des animaux, où il est dit que sous la Terreur un juré

proposa, en pleine audience, de mettre un chien en jugement parce qu'il allait chaque jour pleurer son maître sur la place de la Révolution, au pied de l'échafaud où il avait péri. Il voulait qu'on le condamnât à être assommé par la main du bourreau. — C'est odieux et idiot, mais ce n'est pas une raison pour que ce soit impossible.

Je livre aux admirateurs de Victor Hugo des pages incroyables écrites sur *Hernani* ; il « rit aux éclats » de ce drame et met Victor Hugo au-dessous de deux écrivains pour qui il professe le plus profond mépris. Le livre est curieux à beaucoup d'égards, bien qu'il ne soit guère qu'un recueil de petites boutades de mauvaise humeur et de cancans, mais c'est hélas! avec cette poussière qu'on fait les pierres dont on construit les monuments de l'Histoire.

XXV

X...

A cheval de Varsovie à Constantinople

Voici un livre très curieux intitulé : *A cheval de Varsovie à Constantinople*; pas de nom d'auteur, l'ouvrage ne porte pour toute signature que ces mots : « Un capitaine de hussards de la garde impériale russe. » Nul ne saurait douter de la sincérité de ces pages, d'où ressort, sans vantardise, rien que par l'exposé des faits, l'amour de la patrie et la vaillante insouciance de la jeunesse. C'est, en même temps que le récit d'une guerre terrible, l'étude par croquis, par mots échappés, d'un pays que nous connaissons mal ou seulement par les récits officiels de la guerre de 1877.

L'auteur nous promène étapes par étapes d'abord dans des villages russes, dans de petites villes juives d'une rare propreté; il cause avec tout

le monde. — « Petit père, lui dit une vieille pay-
« sanne, j'ai déjà vu passer dans ce village des
« troupes sans nombre, dans ma jeunesse ! » Où
sont-elles maintenant ? Tous ceux qui partent ne
reviennent pas ! Mais notre futur capitaine ne
prend pas les choses par leur côté mélancolique;
le voilà administrant une raclée avec sa nagaï-
ka (fouet cosaque) à un hôtelier trop cher, se ré-
jouissant, ayant reçu un foulard représentant la
carte d'Europe, à l'idée de « se moucher dans la
Turquie ! » Sa gaîté tombe pourtant à la vue d'in-
nombrables chariots de blessés et de morts ; on
approche des champs de bataille. l'Empereur
passe. « Il s'avance lentement, revêtu de l'uni-
« forme des lanciers de la brigade ; son visage
« est sérieux et empreint d'une certaine tristesse ;
« il s'arrête devant des officiers, des soldats, leur
« adressant quelques mots bienveillants, faisant
« chaque fois en s'éloignant le signe de la croix
« pour les placer ainsi sous la sainte garde de
« Dieu. »

A ce beau tableau vont succéder de grandes et
d'horribles journées; on vient de se battre contre
les Turcs ; la victoire a coûté cher ; la moitié de
la Garde est restée sur le champ de bataille; dans
un coin du tableau, un soldat, tout couvert de
sang, déroule froidement son manteau et le secoue avant de s'en couvrir pour en faire tomber les
balles. On se retire et l'on avance sur une véri-

table chaussée de chair humaine ; et plus loin :

La lune s'était levée et je pus distinguer nettement les corps étendus sans vie tout autour de moi ; l'un semble crucifié sur le sol, l'autre est couché sur le ventre, un troisième tient encore son fusil en joue, un autre est dans une pose grotesque qui rend plus horrible l'aspect de la mort... Nos chevaux ont grand'peine à se frayer un passage au milieu de ce sanglant chaos.

L'auteur fait un superbe tableau de la grande sortie d'Osman-Pacha, reconnaissant sa haute valeur et son courage. Cette bataille au bord du Vid est un des plus beaux faits militaires du siècle. Le vainqueur et le vaincu se rencontrent :

C'est à mi-chemin entre le pond de Vid et le village de Plevna que le grand-duc Nicolas rencontre le général turc. Pendant quelques instants les deux chefs se regardent sans mot dire, puis le grand-duc tend sa main et serre chaleureusement celle de son adversaire, et nos officiers considèrent avec admiration le grand général qu'ils saluent avec respect.

Mais, hélas ! pour être chevaleresques, les soldats ne sont pas moins des hommes ; la nécessité rapetisse bien des sentiments, et voilà notre héros véritablement heureux de retrouver deux morceaux de sucre, pour apaiser sa faim ; il n'y met point d'amour-propre, de vantardise et dit ingénument à propos du passage des Balkans, pendant un cruel hiver :

Quant à moi, pendant ces heures terribles, j'étais, ainsi que nos camarades, bien moins occupé de la gloire et du prestige de nos armes, que du froid, de la faim et des mortelles insomnies qu'il nous fallait endurer, et une poignée de riz, que voulut bien me donner un cosaque charitable, fit sur moi une impression plus profonde que toute la grandeur de nos exploits.

On comprend cet aveu, quand on pense que, par un froid terrible, notre capitaine se trouvait, par un vent glacial, à huit mille pieds au-dessus du niveau de la mer. Il est des altitudes que ne sauraient échauffer même les rayons de gloire humaine. Alors commence une scène fantastique ; sous peine de mourir instantanément gelés, tous les hussards de Grodno sont forcés de danser. Quelle danse sur des sommets de neige, entre des ravins, des rangées de canons, et la mort planant sur le tout ! Puis les combats recommencent ; aux portes de Haskïeu, notre narrateur assiste à un spectacle terrifiant :

Je vis un groupe de vieilles femmes agenouillées, dans des poses de prière ; je m'approchai d'elles avec respect pour ne pas troubler leur recueillement. Précaution inutile ! c'étaient des corps inanimés que rien ne pouvait plus troubler.

Trahies par leur force dans leur fuite, les malheureuses s'étaient agenouillées pour implorer la pitié de Dieu ou celle des hommes, mais c'était la mort qui les avait surprises et laissées là au milieu de la chaussée, comme de vraies statues de désolation et de désespoir.

Je m'arrête, car je ne puis citer tout le volume

qui, comme on le voit, est de grand intérêt. Quelques pages plus loin que l'endroit où je m'arrête, on touche au dénouement de ce grand drame militaire. « Faisons le signe de la croix, et en avant ! » dit le général Stroukof à ses officiers, et le matin du 2 janvier, avec un faible détachement de cavalerie, en tout neuf escadrons, il se jette, à la grâce de Dieu, tête baissée, au cœur de la Turquie. On sait les prodiges accomplis : Andrinople est prise, la guerre est finie après bien d'autres batailles, et les soldats rentrent dans leurs foyers, heureux et fiers d'avoir combattu pour la patrie. Tel est le livre de l'anonyme capitaine de hussards de la garde impériale russe ; il est dédié au Tsarewitch et a deux préfaces, l'une de M. de Vogüé, l'autre de Pierre Loti ; on ne saurait mieux être présenté à la fois au monde militaire et au monde littéraire.

XXVI

M. F. DESCOTES

Joseph de Maistre avant la Révolution

Peu le connaissent, beaucoup le méconnaissent, le plus grand nombre ne le connaît pas du tout, tous en parlent. Il est même de bon goût, quand le nom de Joseph de Maistre est prononcé, lorsqu'il est question de ses œuvres, de lever les yeux au ciel, de secouer un peu la tête, de murmurer : génie effrayant ! et de rester comme accablé, rien qu'au souvenir des hauteurs et des profondeurs où il vous a entraînés ; quelque chose dans l'attitude qui rappelle Dante revenant de l'enfer ne messied pas dans ce cas-là. Car la philosophie, comme tout le reste, comme la politique, l'art, la religion, est devenue un sport pour la plupart, et il n'est pas malséant de paraître avoir une opinion sur toutes ces choses.

Le livre dont il s'agit : *Joseph de Maistre avant la Révolution*, s'adresse à ceux qui ont réellement lu et étudié le grand philosophe, le merveilleux publiciste, et a pour but de le mieux faire connaître encore à ceux qui ne l'ont vu qu'à travers ses œuvres. Il est difficile, en effet, de voir un être appartenant à l'humanité en l'écrivain des *Soirées de Saint-Pétersbourg*, celui qui trouve bien que tout soit mal ici-bas, et qui ne reconnaît guère la puissance divine qu'à sa cruauté ; admettant sans examen le péché originel, il n'en voit pas le pardon, mais en veut le châtiment implacable. « La terre entière, conti-
» nuellement imbibée de sang, n'est qu'un autel
» immense où tout ce qui vit doit être immolé
» sans fin, sans mesure, sans relâche, jusqu'à la
» consommation des choses, jusqu'à l'extinction
» du mal, jusqu'à la mort de la mort ». Aussi, bien que les déplorant au point de vue du principe d'autorité, envisage-t-il d'un œil assez sec les exploits de nos jacobins et les supplices de l'Inquisition, aussi salue-t-il le bourreau comme représentant la divinité, s'écriant : « Malheur à la nation qui abolirait les supplices. »

Mais, comme il faut que toute médaille ait son revers et que la nature se plaît à juxtaposer les contrastes sans rompre son harmonie ou plutôt pour la rétablir, elle a voulu que ce catholique pratiquant fût affilié à une loge de francs-maçons

et que ce défenseur du trône écrivît : « Vive la
« France, même républicaine ! »

C'est l'éclat de ce contraste qui a attiré l'attention de M. François Descotes et qui lui a fait entreprendre les deux volumes qu'il vient de publier, entourant son héros de souvenirs de la Société d'autrefois, de 1753, date de la naissance de Josph de Maistre, à 1793, époque où se révélait son génie. L'auteur après une très bonne étude sur le rôle politique de la Savoie, après avoir rappelé que Chambéry jouissait dès le XIII° siècle du suffrage universel(il n'y a pas de mal nouveau), nous montre la famille de Joseph de Maistre, ce père qui le fait élever par les jésuites, cette mère de qui il disait : «Mon bonheur était
« de deviner ce qu'elle désirait de moi, et j'étais
« dans ses mains autant que les plus jeunes de
« mes sœurs » ; il nous le montre aussi *pénitent noir*, assistant plus d'une fois avec la confrérie, au spectacle d'une exécution capitale, se familiarisant avec l'idée de la nécessité du bourreau. Puis viennent les jeunes amitiés, avec Salteur, le chevalier Roze, Henry Costa de Beauregard ; puis c'est le barreau qui l'appelle et où il va parler cette belle langue que sa mère lui a apprise dès le berceau, en lui récitant des vers de Racine :
« J'en savais, dit-il, des centaines de vers long-
» temps avant de savoir lire, et c'est ainsi que
» mes oreilles, ayant bu de bonne heure cette

» ambroisie, n'ont jamais pu souffrir la *piquette*. »

Voici la mort de cette mère tant aimée ; il trouve pourtant un adoucissement à sa douleur dans la religion, et blâme sa sœur Jeannette poussant avec ses larmes des « imprécations sublimes » contre le ciel. Lui, *Joson* (on l'appelait ainsi), s'incline devant la cruelle nature, parce qu'il voit Dieu derrière elle. Puis les années viennent et l'esprit de Joseph de Maistre cherche un aliment à son activité. Lamennais avait dix-huit ans lorsqu'il écrivit cette boutade : *L'ennui naquit en famille, une soirée d'hiver*, le comte de Maistre n'était encore qu'un étudiant lorsqu'il se plaignit de languir à Chambéry, sous l'*Enorme poids du rien*. Le temps ne fut pas long, et c'est de cette époque que date son entrée en loge maçonnique. Il ne faut pas s'exagérer la portée de cet incident de sa vie, la franc-maçonnerie était de mode et la princesse de Lamballe elle-même présidait une loge ; lui-même la traita de niaiserie et en revint à l'Eglise catholique et romaine.

Chemin faisant, je trouve dans le livre de M. F. Descotes un portrait de la sœur de Louis XVI, Madame Clotilde de France, qui devait être d'une grande ressemblance ; il est fait par le chevalier Roze : « La princesse de Piémont est d'une figure

» très gracieuse ; son air est vif et sa taille bien
» prise, mais un embonpoint excessif la dépare et
» rend sa marche pesante et son attitude gênée ;
» en France, par allusion à son nom (Madame)
» et à sa taille, on l'appelait *Madame tout rond,
» le gros Madame.* » C'est un peu Louis XVI, en
femme.

Les détails abondent dans ce livre, par là difficile à résumer : le mouvement déjà sensible de la Révolution qui s'achemine n'échappe pas à de Maistre ; il manifeste déjà son horreur pour Voltaire, de qui il devait écrire : Je voudrais lui faire élever une statue... par la main du bourreau. Je ne saurais passer sous silence un épisode charmant, celui de la confection ou plutôt de la correction du discours que doit prononcer son ami le chevalier Roze ; ce document renferme des morceaux véritablement comiques s'ils n'étaient l'expression de la plus franche amitié ; Joseph de Maistre avait de l'esprit, ce qu'on ignore, et il y paraît déjà dans ce travail, mais cet esprit est toujours du bon sens.

On voit s'agiter près de lui son frère le jeune Xavier, qui réjouit tout Chambéry par son audace ; il ose monter en montgolfière, fait qui devait singulièrement étonner les paisibles Savoyards. Lui, Joseph, commence déjà sa vie et, dans un superbe discours, définit les devoirs du magistrat ; les lettres l'attirent, le monde même ; par exemple, il a

horreur de la musique : « — Elle m'assassine !
« s'écrie-t-il, je ne puis entendre un clavecin
« sans que les touches frappent sur mon cœur,
« et souvent je le dis. » Au moins avait-il le courage de son opinion. L'étonnement vient, il faut l'avouer, en lisant des vers qu'il improvisa avec condition de ne se servir que des rimes en *ac*, en *ic*, en *ec*, en *oc*, et en *uc*. M. Descotes témoigne quelque admiration pour ce tour de force que je ne puis considérer que comme un enfantillage, mais dont l'inattendu mérite l'attention.

Mais, pour moi, la partie du livre la plus curieuse est surtout celle où Joseph de Maistre se marie et, devenu père, montre quelle tendresse pouvait contenir ce cœur qui ne semblerait pouvoir battre que pour lutter, que pour fournir au cerveau le sang nécessaire au renouvellement de la pensée toujours en mal d'enfantement. Quoi de plus charmant que ce postscriptum d'une lettre à sa sœur : — « Pardon, ma pauvre Jenni, si j'ai
« écrit une mortelle petite page avant de parler
« de toi et de ton bras ; ce n'est pas que j'oublie
« ni toi, ni lui. mais quand un père a commencé
« à parler de ses enfants, c'est comme une boule
« sur un plan incliné... » Un chef-d'œuvre de sentiment est aussi la lettre qu'il écrit à sa fille, la petite Adèle, pour lui apprendre à conjuguer le verbe chérir ; elle serait toute à citer, il n'y a

pas une ligne qui ne déborde de tendresse et l'on sent avec quelle joie le père a saisi ce verbe, ce mot pour avoir à le répéter cent fois : « Je te *chéris-*
« *sais*, mon enfant, lorsque tu ne me *chérissais*
« pas encore et ta mère te *chérissait* peut-être
« encore plus parce que tu lui as coûté davantage.
« Adieu, mon cœur… »

Plus loin, il plaide contre Voltaire, demandant que la femme soit l'égale de l'homme. « Elles n'ont
« inventé ni l'algèbre, ni les télescopes, ni les lu-
« nettes achromatiques, ni la pompe à feu, ni le
« métier à bas, etc. mais elles font quelque chose
« de plus grand que tout cela : c'est sur leurs
« genoux que se forme ce qu'il y a de plus ex-
« cellent dans le monde : un honnête homme et
« une honnête femme. »

Ce qui suit n'est pas moins sensé, moins élevé et les femmes savantes n'y sont pas ménagées.
« Une coquette est plus aisée à marier qu'une
« savante, il faut être sans orgueil, ce qui est
« très rare ; au lieu que pour épouser la coquette
« il ne faut être qu'un fou, ce qui est très com-
« mun. » Et après avoir dit bien d'autres grandes vérités, le terrible philosophe, l'implacable justicier, l'homme qui a laissé les plus effroyables pages que l'intolérance ait jamais dictées, ce prophète qui du haut de son intelligence a prévu toutes nos chutes, toutes nos décadences, cet

homme éloquent comme Mirabeau, inspiré comme Jérémie, termine ainsi sa lettre à sa fille : « Adieu
« *petit singe*, je t'aime presque autant que mon
« petit chien *Biribi* qui a cependant une réputa-
« tion immense à Saint-Pétersbourg. »

A mon sens, ces trois lignes n'affaiblissent pas les grandes œuvres de Joseph de Maistre, elles les fortifieraient plutôt, en prouvant qu'il n'y avait pas qu'un rhéteur, qu'un cerveau dans le grand philosophe, et que chez lui le cœur devait contrôler l'esprit ; il est doux de penser, comme disait H. Rigault, qu'un si grand génie ait eu le bonheur d'être humain, et que le meilleur des hommes ait été l'un des plus grands.

XXVII

L. MABILLEAU

Victor Hugo

La librairie Hachette vient d'ajouter à sa collection des Grands Ecrivains français une étude sur *Victor Hugo*, par M. Léopold Mabilleau. Contrairement aux usages adoptés par certains critiques qui ne recherchent dans un auteur que ses défauts, et sont bien plus préoccupés de faire croire à leur talent que d'analyser le sien, M. Mabilleau, libre de toute consigne de coterie, et se dégageant, chose difficile, de tant de jugements portés sur notre plus grand poète, a formulé sur Victor Hugo des opinions qui lui sont personnelles.

Très justement et discrètement il explique la situation littéraire présente de l'œuvre de Victor Hugo et la sorte de dédain qu'ont affecté pour elle certaines petites écoles :

Il y avait si longtemps qu'il ne conduisait plus le chœur des esprits, même des esprits amoureux de poésie ! Alors même que paraissaient les chefs-d'œuvre datés de Guernesey, une école se formait, composée de ses admirateurs et de ses disciples, qui affectait de vouloir continuer la tradition du lyrisme dont il restait le suprême pontife ; mais que ces descendants illusoires étaient déjà loin de lui, et que la froide source du Permesse ressemblait peu au flot ardent et amer de l'Océan !

Après les fils oublieux vinrent les fils révoltés, les naturalistes, les symbolistes, les décadents, débutant tous par insulter le Père vieilli, relégué dans une inutile chapelle. Tous ingrats, car tous procèdent de lui : les parnassiens lui doivent la révélation de la valeur plastique des mots ; les naturalistes, le sens de la vie et le goût d'en décrire toutes les manifestations ; les symbolistes et les décadents, l'intuition des correspondances sensibles et de la musique verbale.

Tous peuvent s'incliner devant sa tombe, et renouveler l'hommage que Sainte-Beuve adressait aux mânes de Châteaubriand : « Olympio, nous sommes vos fils ! Vos idées, vos passions, vos rêves ne sont plus les nôtres, mais c'est vous qui nous avez montré la route où nous avons marché, et nous sommes partis de vos traces ! Soyez donc à jamais béni par la postérité infidèle à laquelle votre génie a *ouvert les portes de l'aurore.* »

Voilà la note juste. M. Mabilleau ne passe pas seulement en revue l'œuvre colossale du poète, à qui, par parenthèse, il refuse le sentiment de la couleur (ce en quoi je ne suis pas du tout de son avis), le comparant plutôt à un grand statuaire qu'à un grand peintre ; il nous parle aussi des misérables querelles que souleva son génie naissant. « Il lui suffit d'écrire des vers pour prouver qu'il n'est pas poète ! » disait un thuriféraire de Ponsard ; quant à Sainte-Beuve et d'autres critiques, ils lui faisaient de singuliers reproches :

Son coiffeur me disait que le poil de sa barbe était le triple d'un autre, qu'il ébréchait tous les rasoirs. Il avait des dents de loup-cervier, des dents cassant des noyaux de pêche. — « V. Hugo a le teint coloré et les cheveux blonds », écrivait mélancoliquement Th. Gautier, qui ne pouvait s'empêcher de regretter que le prince souverain de la poésie romantique ne fût pas sombre et blême ; « sans être de l'avis de M. Nisard le difficile qui trouve au bas de sa figure un caractère d'animalité très développé, nous devons à la vérité de dire qu'il n'a pas les joues convenablement creuses, et qu'il a l'air de se porter beaucoup trop bien. . Le monde et la redingote de V. Hugo ne peuvent contenir sa gloire et son ventre... Il fait dans son assiette de fabuleux mélanges de côtelettes, de haricots à l'huile, de bœuf à la sauce tomate, qu'il avale indistinctement, très vite et très longtemps. »

Mais Gautier, lui, qui était poète, ne s'en tint heureusement pas là :

... Et voici l'inoubliable image, saisie au plus frais moment de jeunesse et d'épanouissement, que le disciple extasié emporta de cette première vision : d'abord « un front vraiment monumental qui couronnait comme un fronton de marbre blanc son visage d'une placidité sérieuse ». Il n'atteignait pas sans doute les proportions que lui donnaient les sculpteurs et les peintres, pour accentuer le relief du génie, mais « il était vraiment d'une beauté et d'une ampleur surhumaines ; les plus vastes pensées pouvaient s'y écrire, les couronnes d'or ou de laurier s'y poser comme sur un front de Dieu ou de César. Le signe de la puissance y était. Des cheveux châtain clair l'encadraient et retombaient un peu longs. Du reste, ni barbe, ni moustache, ni favoris, ni royale ; une face soigneusement rasée, d'une pâleur particulière, trouée et illuminée de deux yeux fauves pareils à des prunelles d'aigle, et une bouche à lèvres sinueuses, à coins surbaissés, d'un dessin ferme et volontaire, qui, en s'entr'ouvrant pour sourire, découvrait des dents d'une blancheur éclatante.

Ces traits sont de ceux que rien ne change, ni les chagrins, ni les années. V. Hugo était plus que septuagénaire lorsqu'il nous a été donné de le voir : c'était toujours, avec le même front, les mêmes yeux et la même bouche, la même impériale majesté, la même audace et la même douceur.

Cette dernière opinion est de M. Mabilleau, je la lui restitue tout en la partageant, comme disait tout récemment un académicien.

XXVIII

MARQUIS DAUVET

Correspondance

Entre autres documents intéressants, je trouve dans la *Revue rétrospective* une correspondance qui nous révèle plusieurs points curieux sur l'éducation d'un gentilhomme au dix-huitième siècle. Pour beaucoup, la tendresse paternelle n'existait pas alors, et tout se passait en formules de respect du fils au père et en sévérités hautaines du père au fils. « J'estime que la famille d'aujour-
« d'hui, disait H. Rigault, où les enfants tutoient
« leurs pères, vaut au moins celle d'autrefois, où
« le fils appelait son père : monsieur, et lui parlait
« chapeau bas. » Cette froideur dans les rapports n'était cependant qu'extérieure et, sous une autre forme, cachait parfois autant de tendresse et souvent plus de prévoyance que les camaraderies paternelles d'aujourd'hui. Je ne citerai à l'appui

de ce que j'avance que quelques passages de la correspondance du lieutenant général marquis Dauvet, datée de 1770 à 1773. Voici par exemple, ce qu'il écrivait à un M. Prévost qu'il avait chargé de l'éducation de son fils:

..... Je vous préviens que mon fils est un peu froid, peu parlant, et qu'il est nécessaire de gagner sa confiance par la douceur et de fréquentes conversations, pour en tirer meilleur party. D'ailleurs il est heureusement né et naturellement appliqué. Il est même nécessaire de l'empêcher de se livrer trop à la lecture et surtout à celle de la littérature, dans la crainte qu'il ne devienne particulier et trop en dedans de luy-même.

. . . .

Je prie Mme Prévost de recevoir mes compliments et ceux de Madame. Je luy recommande mon cher fils, et je la prie fort de ne pas se déplacer pour luy. Mon fils sera très bien dans la chambre que vous lui avés donné, pourvu que la chaleur soit toujours égale et modérée. Il faut, à cet effet, avoir un thermomètre pour le régler sur la température de la cave de l'observatoire. Surtout que la chaleur soit presque éteinte quand il se couchera.

Plus loin vient la question du surmenage que nous n'avons pas inventée, pas plus que d'autres prétendues innovations :

J'attends de vous un détail circonstancié de la répartition des heures de la journée, eu égard aux maîtres donnés à mon fils, affin de mieux juger de l'employ de son tems, et s'il peut y fournir pour en bien profiter, y ayant autant de danger à surchager qu'à ne pas occuper un jeune homme.

Le père entre dans tous les détails et, quelle que soit la sévérité du tour de phrase, on y sent toujours percer un peu de tendresse :

Je suis plus content de votre écriture : c'est pour cela que M. Prévost ne vous a pas donné de maître ; mais il faut s'y attacher pour qu'elle se perfectionne et qu'en devenant plus aisée et plus coulante, elle soit un peu plus couchée. Il serait bon d'avoir une table à écrire telle que le maître de Paris vous en avait fait faire une.

Attachés vous à avoir toujours la tête et les épaules en arrière, pour que le corps soit bien placé et avec aisance. Vous sçavez que vous tendez le cou : cela ne donne pont l'air spirituel, bien au contraire, et le deffaut est encor plus choquant dans un militaire.

Je vous recommande, sur toutes choses, la pratique et exercice de la religion, de faire vos prières et vos lectures de piété avec recueillement, d'entendre la messe tous les jours, si vos occupations vous le permettent, et de suivre en tout les bonnes habitudes que vous avec contracté au collège sur cet article essentiel.

. . . .

Mme Destourmelles a mandé à mon frère qu'elle ne croyait pas que M. de Beuvron envoyât son fils à Strasbourg. La maladie du père a tout suspendu. Vous férés bien de luy écrire quelquefois, Mais ne prenés jamais sur votre sommeil ny sur les heures de dissipation le tems pour écrire des lettres, ou faire des lectures qui vous plairont. Vous vous fatigueriés la tête et vous seriez moins propre au travail. Quand l'arc a été tendu un certain tems, on le détend pour conserver son élasticité. Il en est de même de l'esprit humain : il luy faut du relâche.

Votre chère mère, votre tante, votre cousin, votre petit frère et la *bonne* vous embrassent bien tendrement, ainsy que moy.

Tout cela est loin de cette paternité redoutable que l'on prête assez volontiers au siècle qui a précédé le nôtre. Les formes seules étaient autres, et en feuilletant ces lettres on voit qu'en résumé nous n'avons pas tout inventé, même l'amour du père pour ses enfants ; le tutoiement me parait la plus grande modification apportée et, au fond, je ne vois pas bien grande la différence qui existe entre un père du XVIIIe siècle écrivant à son fils : « Je vous embrasse bien tendrement » et un père du XIXe qui lui écrit : « Je t'embrasse bien tendrement ; » l'important est qu'il embrasse et que le fils fasse de même.

XXIX

SAINT-ANTOINE

Victor Hugo et le siècle

Un journal reprochait aux nouvelles revues de ne prêcher toutes que bouleversements et révolutions, bouleversements et révolutions aussi bien littéraires que politiques ; en ce qui concerne la littérature, je reconnais que le reproche peut être fondé, mais en matière de politique, je m'inscris en faux au nom de ce cri de réprobation de M. Saint-Antoine, que je lis dans la revue l'*Ermitage*; cette sortie politique, qui termine une bonne étude sur *Victor Hugo et le Siècle*, est motivée par le regret qu'éprouve le critique de voir « l'altissime poète » s'être laissé entraîner par la politique et s'être fait un fétiche de la Révolution ; voici une partie de cette véhémente apostrophe :

De son horreur à peine ose-t-on parler, car rien dans l'histoire ne la surpasse en épouvantable. Le poteau de guerre où agonise un malheureux visage pâle écorché ou brûlé vif, vous secoue de moindre horreur que la guillotine où passèrent un André Chénier et une Mme Elisabeth. Les plus féroces bourreaux de l'histoire se sont moins écartés de leur époque et de leur humanité que les terroristes jacobins; il serait faux, pour atténuer l'horreur, d'évoquer les pyramides mongoles de crânes ou les atrocités d'autrefois, pals, scies entre planches, taureaux d'airain, torches vives, plomb fondu; une âme de tigre se comprend dans un corps de brute atroce Sennachérib ou Tamerlan, ou de tyran exaspéré, Denys l'Ancien ou Néron, mais non dans des hommes comme vous et moi qui ont passé trente ans à rimer de petits vers ou à écrire d'humbles suppliques au Roy et, pour leur réveil, font du coup décapiter, massacrer, noyer, mitrailler ou mourir de faim trois millions d'hommes.

Et elle est aussi stupide qu'horrible. On s'effare à l'abjecte idiotie non seulement des hommes, benêts de 89, tambours-majors de 93, pleutres de 95, mais encore des événements eux-mêmes. Voilà une révolution qui est faite, paraît-il, pour parer à un déficit de quarante-trois millions et fait une banqueroute d'autant de milliards; pour augmenter la concorde publique et entasse trois millions de cadavres; la richesse générale et anéantit la presque totalité des richesses privées, chartriers, collections d'art; pour affermir la paix et déchaîne vingt-cinq ans de guerres civiles ou étrangères; pour introniser la liberté et aboutit à la Convention et à Bonaparte; pour affirmer tous les droits et tue le souverain, vole le clergé, exile la noblesse, décime sa chère bourgeoisie et affame ou massacre le peuple; pour abolir l'arbitraire et trouve la Terreur; pour mettre fin aux lettres de cachet et invente la loi des suspects, pour atténuer les charges publiques et double le budget, et à tout cela nous avons été, nous sommes encore aveugles ! Ce serait à crever de rire si nous ne crevions pas déjà de cette révolution ulcère! Jamais plus colossale fumisterie n'a été montée à un peuple pendant un siècle !

Comme si l'évolution historique ne se serait pas poursuivie sans cette épilepsie sanguinaire ! Comme si la Révolution n'était pas faite le jour même où se réunissaient les États, et si les chemins de fer et les télégraphes, quelques années plus tard, ne se seraient pas chargés de rogner les dernières perruques et de reléguer les épées dans les panoplies. L'Angleterre avait-elle eu besoin de terrorisme pour évoluer, et les Etats sardes, à ce moment-là même, pour nous devancer? Il n'y a que des cuistres d'université pour se pâmer encore devant ce Sinaï de sottises !

Voilà qui n'est pas fait pour plaire aux défenseurs des immortels principes.

XXX

EDOUARD SCHURÉ

Les Grands Initiés

Le plus grand mal de notre temps est que la science et la religion apparaissent comme deux forces ennemies et irréductibles. C'est le désir de protester contre ce mal intellectuel qui a poussé M. Edouard Schuré à plaider, avec une éloquence servie par les ressources d'une vaste et profonde érudition, la nécessité de rapprocher ces deux éléments que chaque jour semble désunir un peu plus. Sous ce titre : *Les Grands Initiés*, M. Edouard Schuré a publié en un volume huit très remarquables études sur Rama, Krishna, Hermès, Moïse, Orphée, Pythagore, Platon et Jésus. D'un travail qui eût pu être une suite d'élucubrations de philosophie aride et dont l'idée tombée en d'autres mains eût été prétexte à un jargon de pédant, l'auteur a su, par l'intensité de sa vision, sa pénétration des textes, faire un livre d'intérêt impérieux, de lecture attrayante ; poète en même temps que philosophe, il nous conduit à travers les plaines infinies de l'espace et du temps, et nous y montre les splendeurs d'une vie éternelle dont nous ne sommes séparés que par le mince et impénétrable obstacle de la matière qui nous enveloppe.

C'est dans les textes antiques que M. Schuré a pris les éléments de ce livre qu'il sous-intitule : *Esquisse de l'Histoire secrète des Révolutions* et qui, à l'opposé de *l'Histoire de tous les cultes*, de Dupuis, ouvrage aride dont les conclusions ne reposent que sur un système, offre tout l'intérêt d'une œuvre littéraire. C'est par le résumé, les traditions sur les septième et huitième incarnations de Vichnou, Rama et Krishna, qu'il nous révèle l'Inde et l'initiation brahmanique, c'est par Hermès qu'il nous initie aux mystères de l'Egypte. Je ne sais rien de plus grand que la théorie religieuse qui émane de la vision d'Hermès, de la migration des âmes à travers les astres :

—Vois-tu, dit Osiris, une semence lumineuse tomber des régions de la voie lactée dans la septième sphère ? Ce sont des germes d'âmes. Elles vivent comme des vapeurs légères dans la région de Saturne, heureuses, sans souci, et ne sachant pas leur bonheur.

Mais en tombant de sphère en sphère, elles revêtent des enveloppes toujours plus lourdes. Dans chaque incarnation, elles acquièrent un nouveau sens corporel, conforme au milieu qu'elles habitent. Leur énergie vitale augmente ; mais à mesure qu'elles entrent en des corps plus épais, elles perdent le souvenir de leur origine céleste. Ainsi s'accomplit la chute des âmes qui viennent du divin Ether. De plus en plus captivées par la matière, de plus en plus enivrées par la vie, elles se précipitent comme une pluie de feu, avec des frissons de volupté à travers les régions de la Douleur, de l'Amour et de la Mort, jusque dans leur prison terrestre, où tu gémis toi-même retenu par le centre igné de la terre, et où la vie divine te paraît un vain rêve.

— Les âmes peuvent-elles mourir? demanda Hermès.

Oui, répondit la voix d'Osiris, beaucoup périssent dans la descente fatale. L'âme est fille du ciel et son voyage est une épreuve. Si dans son amour effréné de la matière, elle perd le souvenir de son origine, l'étincelle divine qui était en elle et qui aurait pu devenir plus brillante qu'une étoile, retourne à la région éthérée, atome sans vie — et l'âme se désagrège dans le tourbillon des éléments grossiers.

Rêve merveilleux qui n'est peut-être que la réalité, et dans lequel Hermès voit les sept rayons du Verbe-Lumière, du Dieu unique qui les traverse et les gouverne par eux, et qui sont la Sagesse, l'Amour, la Justice, la Beauté, la Splendeur, la Science et l'Immortalité. L'initié, après ces révélations, devient, comme disait l'hiérophante, un *ressuscité vivant* ; il apprend qu'il y a deux clés principales de la science. Voici la première : « Le dehors est comme le dedans des « choses ; le petit est comme le grand ; il n'y a « qu'une seule loi et celui qui travaille est Un.

« Rien n'est petit, rien n'est grand dans l'écono-
« mie divine. » Voici la seconde : « Les hommes
« sont des dieux mortels, et les dieux sont des
« hommes immortels. »

Les chapitres consacrés à Moïse, Orphée, Pythagore, ne sont pas moins curieux à consulter; mais le charme du livre est surtout pour moi dans l'étude sur la vie et la mission de Platon, dont le fond de l'âme était l'Amour et l'Harmonie :

Cette âme était aussi douce, aussi limpide, aussi ouverte que la voûte du ciel au-dessus de l'Acropole. Platon était un jeune homme de haute stature, aux larges épaules, grave, recueilli, presque toujours silencieux ; mais lorsqu'il ouvrait la bouche, une sensibilité exquise, une douceur charmante émanait de ses paroles.. En lui rien de saillant, d'excessif. Ses aptitudes variées se dissimulaient comme fondues dans l'harmonie supérieure de son être. Une grâce aisée, une modestie naturelle cachait le sérieux de son esprit ; une tendresse presque féminine servait de voile à la fermeté de son caractère. En lui, la vertu se revêtait d'un sourire et le plaisir d'une chasteté ingénue. Mais ce qui faisait la marque dominante, extraordinaire, unique de cette âme, c'est qu'en naissant elle semblait avoir conclu un pacte mystérieux avec l'Eternité. Oui, les choses éternelles semblaient seules vivantes au fond de ses grands yeux ; les autres y passaient comme de vaines apparences dans un miroir profond. Derrière les formes visibles, changeantes, imparfaites du monde et des êtres, lui apparaissaient les formes invisibles, parfaites, à jamais rayonnantes de ces mêmes êtres, que voit l'esprit et qui sont leurs modèles éternels. Et voilà pourquoi le jeune Platon sans avoir formulé sa doctrine, ne sachant même pas qu'il serait philosophe un jour, avait déjà conscience de la réalité divine de l'Idéal et de son omniprésence. Voilà pourquoi en voyant ondoyer les femmes, les chars funèbres, les armées, les fêtes et les deuils, son regard semblait voir autre chose et dire : « Pourquoi pleurent-ils et pourquoi poussent-ils des cris de joie ? Ils croient être et ne sont pas. Pouquoi ne puis-je m'attacher à ce qui naît et à ce qui meurt? Pourquoi ne puis-je aimer que l'Invisible qui ne naît et ne meurt jamais, mais qui est toujours ?

Suit un beau portrait de Socrate, un substantiel abrégé de sa grande vie, enfin la fête d'adieu de Platon, reniant tout son passé de poète, d'artiste, parce qu'il avait entendu parler Socrate ; le récit du festin et du discours aux convives couronnés de roses mériterait d'être cité tout entier ; à ses compagnons de plaisirs il annonce sa détermination :

« Je remercie tous ceux qui ont voulu prendre part à cette fête d'adieu ; mais je ne retiendrai auprès de moi que ceux qui voudront partager ma vie nouvelle. « Les amis de Socrate seront désormais mes seuls amis. » Cette parole passa comme une gelée sur un champ de fleurs. Elle donna subitement à ces visages épanouis l'air triste et embarrassé de gens qui assistent à un convoi funèbre. Les courtisanes se levèrent et se firent emporter sur leurs litières, en jetant un regard dépité au maître de la maison. Les élégants et les sophistes se dérobèrent avec des paroles ironiques et enjouées : Adieu Platon ! Sois heureux ! Tu nous reviendras ! Adieu adieu ! » Deux jeunes gens sérieux restèrent seuls auprès de lui. Il prit par la main ces amis fidèles, et, laissant là les amphores de vin à demi vidées, les roses effeuillées, les lyres et les flûtes renversées pêle-mêle sur des coupes encore pleines, Platon les conduisit dans la cour intérieure de la maison. Ils y virent, entassés sur un petit autel, une pyramide de rouleaux de papyrus. C'étaient toutes les œuvres poétiques de Platon. Le poète prenant une torche, y mit le feu, avec un sourire, en prononçant ces paroles : « Vulcain, viens ici, Platon a besoin de toi. »

Quand la flamme s'éteignit en voltigeant dans les airs, les trois amis eurent les larmes aux yeux et dirent silencieusement adieu à leur futur maître. Mais Platon resté seul, ne pleurait pas. Une paix, une sérénité merveilleuse remplissait tout son être. Il pensait à Socrate qu'il allait voir. L'aube naissante effleurait les terrasses des maisons, les colonnades, les frontons des temples et bientôt le premier rayon du soleil fit étinceler le casque de Minerve sur la pointe de l'Acropole.

La science pour laquelle il combat ne pousse pas M. Schuré à nier les faits merveilleux, les miracles sur lesquels reposent une partie des religions ; bien au contraire, il veut les expliquer par la science qui n'a aucune raison de douter des miracles, elle qui en constate tous les jours. C'est dans son travail sur Jésus-Christ qu'il affirme le plus catégoriquement ses convictions à cet égard :

... Les âmes supérieures ne se manifestent guère l'homme que dans l'état de sommeil profond ou d'extase. Alors, les yeux physiques étant fermés, l'âme, à demi dégagée du corps, quelquefois voit des âmes. Il arrive cependant qu'un très grand prophète, un véritable fils de Dieu se manifeste aux siens d'une manière sensible et à l'état de veille, afin de les mieux persuader en frappant leurs sens et leur imagination. En pareil cas, l'âme désincarnée parvient à donner momentanément à son corps spirituel une apparence visible, quelquefois même tangible, au moyen du dynamisme particulier que l'esprit exerce sur la matière par l'intermédiaire des forces électriques de l'atmosphère et des forces magnétiques des corps vivants.

C'est ce qu'il advint selon toute apparence pour Jésus. Les apparitions rapportées par le Nouveau Testament rentrent alternativement dans l'une et dans l'autre de ces deux catégories: vision spirituelle et apparition sensible. Il est certain qu'elles eurent pour les Apôtres le caractère d'une réalité suprême. Ils auraient plutôt douté de l'existence du ciel et de la terre que de leur communion vivante avec le Christ ressuscité. Car ces visions émouvantes du Seigneur étaient ce qu'il y avait de plus radieux dans leur vie, de plus profond dans leur conscience. Il n'y a pas de surnaturel, mais il y a l'inconnu de la nature, sa continuation occulte dans l'infini et la phosphorescence de l'invisible aux confins du visible. Dans notre état corporel présent, nous avons peine à croire et même à concevoir la réalité de l'impalpable ; dans l'état spirituel, c'est la matière qui nous paraîtra l'irréel et le non existant.

Voici donc les miracles, sinon acceptés tels quels, du moins expliqués par la science. Ajoutons que M. Edouard Schuré n'admet pourtant pas le miracle matériel, mais l'apparition insaisissable d'une forme, car, dit-il :

Pour concevoir du fait de la résurrection une idée rationnelle, pour comprendre aussi sa portée religieuse et philosophique, il faut ne s'attacher qu'au phénomène des apparitions successives et écarter, dès l'abord, l'absurde idée de la résurrection du corps, une des plus grandes pierres d'achoppements du dogme chrétien qui, sur ce point comme sur beaucoup d'autres, est resté absolument primaire et enfantin. La disparition du corps de Jésus peut s'expliquer par des causes naturelles, et il est à noter que les corps de plusieurs grands adeptes ont disparu sans trace et d'une manière tout aussi mystérieuse, entre autres ceux de Moïse, de Pythagore et d'Apollonius de Tyane, sans qu'on ait jamais pu savoir ce qu'ils étaient devenus. Il se peut que les frères connus ou inconnus qui veillaient sur eux aient détruit par le feu la dépouille de leur maître, pour la soustraire à la profanation des ennemis. Quoi qu'il en soit, l'aspect scientifique et la grandeur spirituelle de la résurrection n'apparaissent que si on la comprend dans le sens ésotérique.

Le développement de cette théorie qui, je le reconnais, doit être rejetée par l'Eglise, est faite pour séduire bien des esprits ; en tous cas, sa discussion nous entraînerait hors des bornes de cette revue, dans laquelle nous avons voulu seulement donner une idée de l'œuvre importante de M. Edouard Schuré.

XXXI

LEON A. DAUDET

L'Astre noir

Si profondément qu'il fût embrouillé, le Chaos n'en contenait pas moins l'univers entier, le vide, les planètes, les soleils, la lumière, la vie ; il ne fallut pas moins que Dieu pour en tirer les merveilles qui nous confondent, que nous admirons sans les comprendre, et nous-mêmes que nous admirons moins à mesure que nous nous comprenons. Je ne dis pas qu'il faille un autre Jéhovah pour classer, mettre dans la lumière, tout ce que contient l'*Astre noir,* le livre que vient de faire paraître M. Léon A. Daudet en le sous-titrant : roman, mais j'avoue que la multiplicité des faits, le fourmillement des idées et des détails m'ont d'abord quelque peu troublé. L'*Astre noir* est le surnom d'un savant, d'un poète, d'un génie universel que je ne sais si je dois admirer ou exécrer ;

est-ce un chercheur de vérité ? Est-ce un simple saltimbanque ? Est-ce un grand philosophe ? Est-ce un niais ? Est-ce tout cela ensemble ? C'est possible, malheureusement pour l'humanité.

Il semble que M. Léon Daudet ayant pu rassembler une foule de faits, d'observations, de rêves recueillis dans la promenade de la vie à travers la science, les arts, la philosophie, une fois rentré chez lui, les ait jetés pêle-mêle dans son secrétaire comme matériaux très divers à employer plus tard. Puis, un beau jour, il aurait décidé de montrer chacune de ses trouvailles, diamant ou caillou, fleur fraîche où feuille sèche, charme ou horreur, or ou cuivre, et les aurait placées dans un vaste cadre, sans étiquette, laissant à tous le soin de deviner, de construire, d'expliquer et de conclure.

Il ne faut pas qu'on voie dans ces lignes une critique, il n'y faut constater que l'étonnement qu'on éprouve devant une œuvre dont l'œil ne mesure pas bien encore la dimension, en même temps que la sorte d'humiliation qu'on ressent à ne pouvoir déchiffrer une énigme, dont le sens caché vous intéresse. L'*Astre noir* est en effet le livre d'un jeune, il est plein de sève et de vie, et cette œuvre d'une haute intelligence est peut-être celle qui résume le mieux l'effort intellectuel de la nouvelle génération ; il y a là de quoi fournir des centaines de pièces à l'école d'Ibsen, des milliers de pensées qui apparaissent lumineuses d'abord et disparaissent subitement dans la nuit, comme les grappes d'étincelles d'un feu d'artifice. J'y retrouve la forme originale des causeries que nous a donnée parfois le *Figaro*, j'y sens la science sous tous les mots, des pensées, des assimilations, des théories qui s'élancent d'elles-mêmes d'un cerveau richement muni, mais je ne sais dans quel labyrinthe m'entraîne cet écrivain que j'aime, et j'ai peur de perdre le fil conducteur à chaque pas que j'y fais.

Dans l'œuvre de Rabelais, dans les contes de Voltaire, la clarté égale la fantaisie et sait se montrer nettement aux bons moments ; c'est ce que je demanderais aux surprenants récits de la vie de l'*Astre noir*, dont il n'est pas une page qui ne renferme une pensée, une observation. Mais il faut les saisir au passage tous ces rêves fugitifs du cerveau humain, évocations de la science de Charcot, de l'Allemagne et de la Scandinavie philosophiques, littéraires et artistiques, fleuve d'idées roulant et chevauchant les unes sur les autres comme des vagues qui courent à un Océan inconnu.

A y bien regarder, *Astre noir* doit être considéré comme le récit d'un voyage autour de l'orgueil humain que, d'ailleurs, M. Léon Daudet n'excuse ni ne blâme. Il constate et c'est tout. Mais il est temps de lui laisser la parole, et je copie cette page de ses remarques sur la genèse et la diffusion des idées nouvelles.

Pour que l'humanité se mette à considérer les choses sous un aspect différent, il faut tout un sourd travail, une lente et tenace pénétration. Les sociétés, bien qu'absorbées dans les petits faits qui sont leur pâture journalière, sont néanmoins propices à la diffusion des idées générales, et celles-ci sont d'autant plus actives qu'elles sont plus hautes et presque inaccessibles à l'intelligence de chaque individu. Les masses ne sont menées ni par la faim ni par la soif, ni par la politique ou politiquaillerie courante. Elles obéissent aux métaphysiques. Toute idée doit passer en acte. Le philosophe, en assemblant des abstractions dans son cabinet à la lueur de la lampe, accumule des forces explosives qui plus tard auront un effet irrésistible, après une série de métamorphoses aussi réglées que celles de la chenille en papillon.

Les pensées les plus abstraites, comprises par une élite intellectuelle, servent de base et de méthode à tous les travaux scientifiques, littéraires et artistiques contemporains. Ainsi des esprits de second ordre s'en imprégnent, les colorent et les déforment, et, descendant peu à peu la spirale, elles arrivent infiniment modifiées, en dehors même du livre, du tableau, du journal et du son, aux cerveaux incultes qui en admettent les mystérieux débris avec une passion, un enthousiasme proportionnels à leur nouveauté même.

De nos jours, l'action des métaphysiques remplace l'action religieuse. Kant à Kœnigsberg, Fichte, Hegel et Schelling après lui, Auguste Comte en France ne se doutaient guère en assemblant leurs élégants théorèmes, que ces hypothèses reprises et adaptées aux besoins sociaux par la logique implacable d'un Proudhon ou d'un Marx menaceraient toute l'organisation actuelle. Il arrive un moment où l'air est tellement saturé de l'œuvre des doctrinaires que celle-ci paraît banale puisqu'elle est entrée dans les faits. Aujourd'hui tout adolescent commence par se méfier de ses sens. Il n'a pas lu la *Critique du jugement*. Il fait mieux que cela, il la vit.

Voici un morceau où le talent d'écrivain de M. Léon Daudet se montre clairement. Qu'on n'en conclue pourtant pas à un livre de philosophie continue ; on y trouvera au contraire l'observation de la vie pratique et usuelle où apparaît l'être humain avec ses touchantes défaillances et ses honteux ridicules ; mais cela sans parti pris, sans concessions aux principes du roman naturaliste un peu démodé aujourd'hui. L'auteur de l'*Astre noir* est un jeune, il a regardé le plus souvent en haut, et c'est ce qui lui vaudra l'estime de ceux qui demandent à une lecture de faire rêver l'esprit et de donner des ailes à la pensée.

XXXII

CAMILLE FLAMMARION

La fin du Monde

Il ne s'agit pas de celle que rêvent les anarchistes prédits par Erasme dans son joli colloque de l'*Accouchée* : « Le peuple prépare l'anarchie ! » On voit qu'il n'y a sur terre rien de nouveau, même le nouveau ; il s'agit seulement d'un livre très intéressant au point de vue scientifique et aussi au point de vue poétique, car *La fin du monde* que publie M. Camille Flammarion est, en même temps que la fantaisie la plus étrange, le cauchemar le plus épouvantable et le rêve le plus doux qu'on puisse faire.

Dans ce livre de science, la science même et son cortège de chiffres disparaissent pour ne laisser place qu'à une intense curiosité. Une comète immense, un monstre errant dans les abîmes célestes, doit traverser la terre à une époque lointaine qu'heureusement M. Flammarion ne précise pas ; la catastrophe est inévitable, une dépêche de la planète Mars nous l'annonce, grâce aux progrès de la science ; mais ces progrès mêmes deviennent la source du désespoir de la race humaine qui a le malheur de prévoir le sort terrible auquel elle ne peut pas échapper. Le récit de la rencontre de la terre et de la comète est une des choses les plus saisissantes qu'on puisse lire. En érudit qu'il est, M. Flammarion reproduit les récit des terreurs causées par la crainte de la fin du monde à toutes les époques. Comète à part, il examine les probabilités de la fin de la terre qui périra par le froid ou par la chaleur, brûlée ou mourant de la mort même du soleil.

Le soleil ! s'écrie M. Flammarion dans un très beau mouvement de lyrisme scientifique, tout est là ! La vie terrestre est suspendue à ses rayons, elle n'est qu'une transformation de la chaleur solaire. C'est le soleil qui entretient l'eau à l'état liquide et l'air à l'état gazeux ; sans lui tout serait solide et mort ; c'est lui qui vaporise l'eau des mers, des lacs, des fleuves, des terres humides, forme des nuages, donne naissance aux vents, dirige les pluies, régit la féconde circulation des eaux ; c'est grâce à la lumière et à la chaleur solaire que les plantes s'assimilent le charbon contenu dans l'acide carbonique de l'air :

pour séparer l'oxigène du carbone et retenir celui-ci, la plante effectue un immense travail ; la fraîcheur des forêts a pour cause cette conversion de la chaleur solaire en travail végétal, jointe à l'ombre des arbres au puissant feuillage ; le bois qui nous chauffe dans l'âtre ne fait que rendre la chaleur solaire emmagasinée, et, lorsque nous brûlons du gaz ou de la houille, nous remettons aujourd'hui en liberté les rayons du soleil emprisonnés depuis des millions d'années dans les forêts de l'époque primaire. L'électricité elle-même n'est que la transformation du travail dont le soleil est la source première. C'est donc le soleil qui murmure dans la source, qui souffle dans le vent, qui gémit dans la tempête, qui fleurit dans la rose, qui gazouille dans le rossignol, qui étincelle dans l'éclair, qui tonne dans l'orage, qui chante ou qui gronde dans toutes les symphonies de la nature.

On voit avec quelle ampleur M. Camille Flammarion traite les sujets qu'il aborde. Rien n'est plus curieux que les pages où il explique que le nivellement général de la terre sera le signe de sa fin ; il prouve, par les faits, la vérification des paroles de l'Ecriture : « Toute vallée » sera comblée ; toute montagne et toute colline » sera abaissée. »

M. Flammarion n'a pourtant pas fait de ce beau livre illustré un livre de désespoir ; même la fin du monde qu'il nous annonce par le soleil a quelque chose d'assez rassurant, car, dans cette dernière hypothèse, nous aurions encore de 20 à 40 millions d'années devant nous, ce qui doit enlever toute terreur pour le présent. Mais de tous ces genres de mort, suivant l'éminent astronome, il ne faut guère s'inquiéter, car il en sort toujours la vie, la vie éternelle à laquelle il croit comme ont fait toutes les grandes intelligences de tous les temps.

En résumé, le livre de M. Flammarion est une œuvre de science, de poésie et d'espérance.

FIN

TABLE

RÉALISTES ET NATURALISTES

I.	— Emile Zola. — *Le docteur Pascal*	1
II.	— Paul Bourget. — *Le Scrupule*	9
III.	— E. de Goncourt. — *Madame Gervaisais.*	13
IV.	— Jules Lemaitre. — *Les Rois*	17
V.	— Paul Margueritte. — *La Tourmente.*	20
VI.	— Georges d'Esparbès — *La Légende de l'Aigle*	23
VII.	— D'Annunzio. — *L'Intrus*	26
VIII.	— Aurélien Scholl. — *Les Ingénues de Paris.*	34
IX.	— Henri Lavedan. — *Leur beau physique.*	38
X.	— Gustave Toudouze. — *Tendresse de Mère.*	42
XI.	— G. Rodenbach. — *Le voyage dans les yeux*	45
XII.	— Stendhal. — *Souvenirs d'Egotisme*	49
XIII.	— Edouard Rod — *La vie privée de Michel Tessier*	53
XIV.	— Marcel Prévost. — *L'automne d'une Femme*	56
XV.	— W. Ritter. — *Ames Blanches.*	63

XVI.	—	ABEL HERMANT. — *Confidences d'une Aïeule*	66
XVII.	—	DE CATERS. — *Revanche d'Amour*	70
XVIII.	—	J. RICARD. — *Cristal fêlé*	73
XIX.	—	SÉVERINE. — *Pages rouges*	76
XX.	—	JEAN CARRÈRE. — *Premières Poésies*	80
XXI.	—	PAUL HERVIEU. — *Peints par eux-mêmes*	82
XXII.	—	GYP. — *Madame la Duchesse*	87

SPIRITUALISTES ET ROMANTIQUES

I.	—	VICTOR HUGO. — *Toute la Lyre*	91
II.	—	BARBEY D'AUREVILLY. — *Les Œuvres et les Hommes*	102
III.	—	ANATOLE FRANCE. — *Opinions de M. Jérôme Coignard*	106
IV.	—	J. M. DE HEREDIA. — *Les Trophées*	112
V.	—	F. COPPÉE. — *Mon franc parler*	120
VI.	—	LUDOVIC HALÉVY. — *Mariette*	124
VII.	—	GEORGES OHNET. — *Le lendemain des Amours*	127
VIII.	—	DANIEL LESUEUR. — *Justice de Femme*	130
IX.	—	F. HEROLD. — *Chevaleries sentimentales*	133
X.	—	RENÉ BAZIN. — *Madame Corentine*	136
XI.	—	V. CHERBULIEZ. — *Le secret du précepteur*	141
XII.	—	ANATOLE FRANCE. — *La Rotisserie de la Reine Pédauque*	144

LITTÉRATURE HISTORIQUE
PHILOSOPHIQUE ET DOCUMENTAIRE

| I. | — | A. DE TOCQUEVILLE. — *Souvenirs* | 149 |
| II. | — | MAXIME DU CAMP. — *Le Crépuscule* | 156 |

III.	— E. Lavisse. — *Le grand Frédéric avant l'avènement*	163
IV.	— G. Haussmann. — *Mémoires*	167
V.	— T. de Wyzewa. — *Les Disciples d'Emmaüs*	173
VI.	— Le Duc d'Harcourt. — *L'Egypte et les Egyptiens*	177
VII.	— E. Flourens. — *Alexandre III, sa vie, son œuvre*	184
VIII.	— Paul Cottin. — *L'Angleterre devant ses alliés*	193
IX.	— Yves Guyot. — *La tyrannie socialiste.*	196
X.	— G. Lenotre. — *La Guillotine pendant la Révolution*	199
XI.	— A. Filon. — *Profils anglais*	206
XII.	— G. Larroumet. — *Etude de littérature et d'art*	210
XIII.	— Le Comte Chaptal. — *Mes souvenirs sur Napoléon*	213
XIV.	— Jean Rousseau. — *Ma Juliette*	219
XV.	— K. Waliszewski. — *Le Roman d'une Impératrice*	224
XVI.	— J. Decrais. — *L'Angleterre contemporaine*	227
XVII.	— L'Abbé E. Petitot. — *Le Grand lac des Ours*	231
XVIII.	— Baron Thiébault. — *Mémoires*	238
XIX.	— Frédéric Masson. — *Napoléon et les Femmes*	245
XX.	— Henry Houssaye. — *1814*	248
XXI.	— E. Legouvé. — *Epis et bleuets*	254
XXII.	— Octave Uzanne. — *Physiologie des quais de Paris*	257

XXIII.	— M. de Sassenay. — *Napoléon 1er et la fondation de la République Argentine*	260
XXIV.	— Maurice Albert. — *Un homme de lettres sous l'Empire et la Restauration.*	264
XXV.	— X. — *A cheval de Varsovie à Constantinople.*	267
XXVI.	— M. F. Descotes. — *Joseph de Maistre avant la Révolution*	272
XXVII.	— L. Mabilleau. — *Victor Hugo*	280
XXVIII.	— Marquis Dauvet. — *Correspondance.*	284
XXIX.	— Saint-Antoine. — *Victor Hugo et le Siècle*	288
XXX.	— Edouard Schuré. — *Les Grands Initiés*	291
XXXI.	— Léon A. Daudet. — *L'Astre noir*	299
XXXII.	— Camille Flammarion. — *La fin du Monde.*	304

TOURS. IMPRIMERIE E. SOUDEE

EN VENTE A LA MÊME LIBRAIRIE

CLARETIE (Jules)

La Vie a Paris *(années 1880, 1881, 1882, 1883, 1884, 1885)* . . . . 6 vol.

(Chaque volume se vend séparément.)

GILLE (Philippe)

La Bataille Littéraire :
 Première série (1875-1878) 3e *édition* . . . . . 1 vol.
 Deuxième — (1879-1882) 3e *édition* . . . . . 1 vol.
 Troisième — (1883-1886) 3e *édition* . . . . . 1 vol.
 Quatrième — (1887-1888) 2e *édition* . . . . . 1 vol.
 Cinquième — (1889-1890) 2e *édition* . . . . . 1 vol.
 Sixième — (1891-1892) 2e *édition* . . . . . 1 vol.
Mémoires d'un Conscrit de 1808, 3e *édition* . . . 1 vol.

ROCHEFORT (Henri)

Les Français de la Décadence, 4e *édition* . . . . 1 vol.
La Grande Bohême, 4e *édition* . . . . 1 vol.
Les Signes du Temps, 4e *édition* . . . . 1 vol.
La Lanterne. — Paris 1868, 4e *édition* . . . . . 1 vol.
Farces Amères, 4e *édition* . . . . 1 vol.

SCHOLL (Aurélien)

L'Esprit du Boulevard, 4e *édition* . . . . 1 vol.
Les Coulisses, 4e *édition* . . . . 1 vol.
La Farce Politique, 4e *édition* . . . . 1 vol.

WOLFF (Albert)

 Mémoires d'un Parisien :

Voyages a travers le Monde, 12e *édition* . . . . 1 vol.
L'Écume de Paris, 16e *édition* . . . . 1 vol.
La Haute Noce, 20e *édition* . . . . 1 vol.
La Gloire a Paris, 10e *édition* . . . . 1 vol.
La Capitale de l'Art, 10e *édition* . . . . 1 vol.
La Gloriole, 8e *édition* . . . . 1 vol.

www.ingramcontent.com/pod-product-compliance
Lightning Source LLC
Chambersburg PA
CBHW071239160426
43196CB00009B/1115